인도 수구 세력 난동사

# 인도 수구 세력 난동사

2016년 4월 25일 초판 1쇄 발행

지은이 _ 이광수 · 한형식
펴낸이 _ 임두혁
편집 _ 김삼권 최인희 조정민
디자인 _ 토가 김선태
인쇄 _ (주)미광원색사
종이 _ 한서지업(주)

펴낸곳 _ 나름북스
등록 _ 2010. 3. 16 제2010-000009호
주소 _ 서울 마포구 동교로18길 31 302호
전화 _ 02-6083-8395
팩스 _ 02-323-8395
이메일 _ narumbooks@gmail.com
홈페이지 _ www.narumbooks.com

ISBN 979-11-86036-11-2  03910

이 도서의 국립중앙도서관 출판예정도서목록(CIP)은 서지정보유통지원시스템
홈페이지(http://seoji.nl.go.kr)와 국가자료공동목록시스템(http://www.nl.go.kr/kolisnet)에서
이용하실 수 있습니다.(CIP제어번호: CIP2016007584)

# 인도
# 수구 세력
# 난동사

이광수 · 한형식 지음

나름북스

# 차례

들어가는 글 _6
_이광수

**01**   인도 현대사 둘러보기: 네루에서 수구 세력 수권까지 _16
_이광수

**02**   민족의용단, 인도 수구 난동 세력의 모태 _26
_이광수

**03**   수구 세력의 보물 창고, 카슈미르 _35
_한형식

**04**   모든 곳, 모든 사람을 조직해 행동대원으로 삼아라 _44
_이광수

**05**   바즈랑 달의 반기독교 운동과 폭력 _54
_한형식

**06**   인디라 간디, 아버지의 이름을 욕되게 하고 민주주의를 더럽히다 _63
_이광수

**07**   1984년 델리 학살, 권력을 위해 지옥문을 열다 _72
_이광수

**08**   왕조를 낳은 사람들, 종교 공동체 폭력을 잉태하다 _81
_이광수

**09**   재벌은 어떻게 인도를 지배하게 되었나? _90
_한형식

**10**   '주식회사' 인도의 근원은 정경유착이다 _99
_한형식

**11** 부패 정치는 금권 선거에서 나온다 _109
_한형식

**12** 아요디야 비극, 수구 난동의 절정을 이루다 _119
_이광수

**13** 권력은 총구가 아닌 역사 교과서에서 나온다 _128
_이광수

**14** 구자라뜨 무슬림 학살은 인도판 홀로코스트였다 _138
_이광수

**15** 인도국민당의 기반은 종교 공동체주의 폭력이다 _148
_한형식

**16** 종교 공동체주의는 어떻게 정치를 지배하는가? _158
_한형식

**17** '반듯한 나라'는 폭력 위에 선다 _169
_이광수

**18** 여성 전사여, 힌두 사회를 수호하라 _178
_이광수

**19** 성폭력의 정치학 _186
_한형식

나가는 글 _196
_한형식

# 수구 세력 난동의 역사를 알아야
# 진보의 세상을 세울 수 있다

인도는 아시아에서 가장 먼저 제국주의의 침략에 쓰러진 나라 가운데 하나다. 18세기 후반에 들어오면서 영국은 동인도회사를 앞세워 인도를 침략했다. 그들은 벵갈 지역부터 시시히 인도를 식민화했는데, 처음 100년 정도는 인도 전체의 단합된 저항을 맞지 않았다. 영국 정부를 대리해 동인도회사는 인도를 근대화와 자본주의 그리고 시장 경제에 재빠르게 편입시키고 그 위에서 갖은 수탈을 자행해 엄청난 양의 부富를 빼앗아 갔다. 마르크스조차 인도의 봉건 사회가 해체되기 위해서는 영국의 철도가 들어가야 한다고 말할 정도였으니, 식민주의자들이 가진 '백인의 짐'은 절대선이었다. 그렇지만 그들이 바란 대로 인도 근대화의 '진보'

가 그리 신속하게 이루어지지는 않았다. 전통의 힘은 여전히 강했고, 근대화에 대한 수구의 반동은 상당한 파괴력이 있었다.

동인도회사의 지배가 100년이 될 무렵부터 인도인 선각자들은 식민주의에 저항하는 기제로서 민족주의를 싹틔웠다. 민족이라는 근대적 개념이 없던 인도 땅에서의 민족주의는 힌두교에 기반을 두고 과거 회귀를 추구하는 복고적 민족주의가 대세였다. 영국인들을 만난 인도인들은 경제적으로 침탈당하는 것보다 자신들을 야만인으로 취급하는 악의적 오리엔탈리즘과 제국주의적 시각에 더 자존심 상해했다. 그런 과정에서 전통 사회를 지키자는 의견이 대세를 이루었다. 근대화를 통해 큰돈을 번 일부 하층민들은 카스트 철폐 대신 상층 카스트로의 이동을 택했고, 제국주의자와 기독교 선교사로부터 야만의 미신으로 지목된 힌두교는 개혁의 방향을 과거 회귀로 틀었다. 전체적으로 사회가 근대화되면 될수록 수구화도 거세게 진행되는 경향이 강했다.

유럽에서처럼 공통의 정치적 목표를 가진 단위로서의 민족이 형성되지 못한 인도에서는 영국 식민주의에 대항하기 위해 어떤 공통분모를 만들어야 했고, 그것을 힌두교라는 종교에서 찾았다. 힌두교를 공통분모로 형성된 민족주의가 반영反英 민족의 근간 이데올로기가 되다 보니, 전통 사회 질서의 보존과 반反이슬람 적대주의가 이를 이루는 두 개의 바퀴가 되었다. '이슬람'이 적으로 등장한 것은 민족주의라는 이분법적 개념이 또 다른 이분법적 담론인 종교와 만나다 보니 만들어진 형상이었다. 서구 근대의 개념을 기반으로 평가한다면, 엄밀한 의미로 볼 때 인도인은 하나의 민족이 될 수 없는 상태였다. 그런데 식민주의와 싸우기 위해 하나의 민족을 만들려다 보니 본질적으로 이분법적인 그 이념에 필요한 남으로서의 '적'이 필요했고, 그 '적'에 '우리' 힌두가 아닌 이슬람이 끼워 맞춰진 것이다. 결국 이슬람과 무슬림은 힌두 전통 문명과 사회를 파괴한 악의 세력으로서 섬멸의 대상이 되었다. 그 둘 간의 분열의 씨는 애초 영국이 인위적으로 뿌린 것이었으나 영국에 저항하기 위한 수단이 되면서 이것은 악마를 배태한 비극의 씨앗이 되었다.

독립을 향해 가면 갈수록 힌두교에 기반을 둔 민족주의가 기승을 부렸으니 그것은 곧 힌두와 무슬림의 폭력 갈등이 고조되었음을 의미했다. 결국 인류사 최대 규모의 인위적 이주인 인도-파키스탄 분단의 비극이 발생했다. 헤아릴 수도 없고 형언할 수도 없는 비극이 도처에서 터져 나왔다. 살인, 강간, 납치, 방화… 인간이 자행할 수 있는 모든 종류의 죄악이 이 분단 공간에서 터져 나왔고, 그 결과 인도의 힌두들은 무슬림과 파키스탄을 불구대천의 원수로 여기는 집단 최면에 빠졌다. 그러나 초대 수상 네루의 정부가 세속주의의 기틀을 잡았고 진보적 성격이 강한 네루의 국가 자본주의가 독립국 인도의 기둥이 되면서 힌두 민족주의 세력은 크게 약화되었다.

네루가 죽고 난 후 인디라 간디는 겉으로는 국가 자본주의를 국가 운영의 기조로 계승했으나 실제로는 철저한 보수 정치를 했다. 아버지의 후광을 적극 이용해 권력을 세습하더니 자신의 정적은 모조리 쫓아내고 당 이름에 자신의 이름을 집어넣는 등 정당 권력을 사유화했으며 결국 비상계엄을 선포해 인도사에서 헌정 중단이라는 유일한 비극을 벌이는 주인공이 되었다. 국민의 반대를 희석하기 위해 뻔잡Punjab 주의 시크 급진주의자들을 자극해 분리 독립을 주장하는 무장 소요를 일으키게 한 후 그들의 본거지인 사원을 중화기로 공격해 초토화해 버렸다. 한 종교의 성지를 군홧발로 짓밟은 대가는 분명했다. 인디라 간디는 얼마 되지 않아 자신의 시크교도 초병 두 사람에 의해 암살당한다. 인디라 간디가 암살당한 후 집권 여당은 그 큰아들에게 권력을 물려주고자 델리에서 힌두들을 자극 선동해 시크교도들을 학살하면서 추모의 동정표를 긁어모았고, 재집권에 성공했다. 3대 세습이다.

권력이 혈통을 기반으로 3대까지 세습되다 보니 힌두 민족주의 야당으로서는 존재감을 드러내기 쉽지 않았다. 정치가 갈수록 보수화되면서 야당이 사용할 수 있는 카드는 수구 난동밖에 없었다. 국민들 마음속 깊이 남아 있는 무슬림과 파키스탄에 대한 적개심을 중심으로 국가 이념인 세속주의를 흔드는 것만이 유일한 길이었다. 그것은 적대국이 있어, 전쟁 위기가 고조된 분단 상황의 나라로서는 지고지선의 카드였다. 보수적 사회 질서인 카스트가 여전히 기능하고, 그 안에서 조화와 공존의 메시지가 계급 갈등이나 체제 전복과 같은 진보적 테제보다 훨씬 압도적 지지를 받는 이 나라에서 보수적 명분은 가히 절대적인 지지 텃밭일 수밖에 없었다.

인도는 세계에서 유일하게 서벵갈West Bengal과 께랄라Kerala 등지에서 공산당이 선거를 통해 집권한 나라다. 한국의 진보 진영은, 인도의 진보 진영이 보수와 수구 난동 세력이 앞세우는 기만, 자극, 선동, 집단 광기 등에 어떻게 대응하면서 정치력을 발휘했고 종국에 어떻게 권력을 세웠으며 다시 권력을 잃고 또 재기하는지 알 필요가 있다. 그 점에서 우리 저자들은 그 필요가 서구에서 수입된 좌파 이론을 통해 충족될 수 없는데다, 인도라는 나라가 좌파의 모든 저항 방식이 있는 곳이기 때문에 인도의 진보 저항 운동을 알아야 한다고 주장했다. 이에 우리는《현대 인도 지형 운동사: 거의 모든 저항 운동의 전시장》(그린비, 2013)이라는 책을 내놓았다. 그렇지만 그것만으로는 부족함을 느꼈다. 정치와 사회 변혁이라는 것이 비단 진보 진영의 성과만을 토대로 이룰 수 있는 것이 아니라고 생각했기 때문이다. 진보 진영은 반드시 수구 세력의 움직임을 알아야만 그 키를 잡아 대처할 수 있다.

이에 우리는 한국의 진보 진영이 사회를 변혁하고 권력을 잡아 정치, 경제, 사회, 문화 등 모든 부문에서 민주적이고 평등한 사회를 이루어내기 위해 또 다른 절반인 수구 난동의 역사를 알아야 한다고 주장하는 것이다. 그 대상이 인도인 것은 우선 진보 진영의 역사를 갈무리하면서 생각했던 것과 마찬가지로 인도라는 나라가 인간이 저지를 수 있는 모든 종류의 수구 난동의 역사가 일어난 곳이기 때문이고, 다음으로는 인도라는 나라가 분단으로 적국과 대치하고 있기 때문이다. 전쟁의 위험이 항상 도사리고 있다는 것이다. 핵의 위협도 마찬가지다. 이런 점에서 한국의 보수 진영이 툭하면 들고 나오는 '빨갱이' 문제와 '종북' 구도는 인도에서 전가의 보도인 '무슬림' 카드와 매우 유사하다. 그래서 유럽이나 미국의 수구 세력보다는 인도의 수구 세력이 한국의 그것과 더 많이 닮았다. 이상이 우리가 인도를 택한 이유다.

이와 관련해 또 하나의 독특한 현상 하나를 말하고자 한다. 1947년 독립 이후 2000년대까지 인도 정치는 영국 식민 지배 아래서 민족 운동을 이끈 후 독립국 인도공화국의 첫 집권 여당이 된 회의당과 힌두 민족주의 수구 세력을 중심으로 형성된 인도국민당의 양당 체제를 중심으로 흘러갔다. 물론 전자가 압도적으로 우세했지만 최근 20년만 보면 그 세력 판도가 엇비슷하게 시소게임을 하는 백중세다. 양당 가운데 하나인 회의당은 인디라 간디가 암살당한 이후 4대 세습을 향해 달려가고 있고, 또 하나인 인도국민당은 극우 민족주의를 발판으로 파시스트 정치를 서슴지 않는 정당이다. 그러한 혈통주의와 파시즘 사이에서 인도 정치는 헤어날 줄 모르고 대부분의 학자나 정치 평론가들도 이를 절대로 깰 수 없는 구도로 보았다. 지역주의와 분단에 뿌리를 둔 적대감의 양당 정치 구조인 한국의 정치 지형과 비슷하다. 아무리 깨려 해도 두 빙벽을 넘을 수 없고, 절망에 몸부림치는 모습도 비슷하다.

그런데 그런 인도에서 그 벽에 균열이 가기 시작했다. 공무원 출신 한 인사가 인도의 부패 척결을 목표로 느닷없이 정치에 등장하면서 단숨에 델리 시 정부를 접수해버렸다. 2013년 혜성같이 등장한 '보통사람당Aam Aadmi Party'은 수도 델리 주 의회 선거에서 연정을 통해 집권 정부를 구성했고 당 대표인 아르빈드 께즈리왈Arvind Kejriwal이 일약 수도 델리의 주지사로 선출되었다. 시민운동가 출신인 께즈리왈은 경력이 10년도 되지 않았는데, 우리로 치면 경실련과 비슷한 성격의 시민단체(주로 세금 변론, 부정부패 감시 등을 주로 함)에서 민생 위주의 활동을 했다. 처음에는 부패 반대 운동에 주력한 하자레Anna Hazare와 함께 시민운동을 했으나, 하자레와 달리 께즈리왈은 정치로 세상을 바꾸려는 포부를 안고 정당을 창당했고, 그 다음해에 엄청난 성공을 거두었다. 보통사람당은 2014년 4~5월 총선 − 인도는 의원내각제라 우리의 대선과 의미가 같다 − 에서 인도의 부패 인물 10인을 선정해 타격을 가하겠다고 선언했다. 정치 정말 예술이다. 현실에 기반한 구체성, 대중성, 선동성, 참신성, 기획성 등이 현재로선 완벽하다. 경력 5

년도 되지 않은 정치인이 하루아침에 거대 국가 인도의 수도 델리의 수장이 된다는 것은 대단한 일이다. 보통사람당의 등장과 성공은 수구 세력의 난동을 축출하는 정치 지형의 기점이 될 수 있다는 의미에서 많은 사람의 주목을 받았다. 그들은 수구 세력의 종식을 민생 정치 차원의 부패 척결에서 찾았다.

그러나 보통사람당은 2014년 총선에서 대패했다. 2013년 12월 인도 델리 주 의회 선거에서 돌풍을 일으켜 주 수상을 맡은 보통사람당 대표 께즈리왈은 정치인과 공무원들의 부패 혐의를 조사할 독립 기관을 설립하자는 반부패법안이 반대파들에 의해 좌절되자 주 수상직을 전격 사퇴했다. 이후 께즈리왈은 보수의 고향 바라나시Varanasi에 출마해 낙선한다. 바라나시는 수구 정당인 인도국민당의 수상 후보로 나선 나렌드라 모디가 두 번째 지역구로 선택한 곳이다. 인도에서는 입후보자가 다수의 지역구를 선택할 수 있는데, 당선 후 한 곳을 선택하면 되고 나머지 지역구는 나중에 재선거를 치른다. 모디는 2014년 총선에서 최다 득표율을 기록한 자신의 아성인 구자라트 주의 바도다라Vododara를 버리고 새로운 수구 세력의 확장을 위해 바라나시를 택했다. 물론 명분은 바라나시 경제의 발전이었다. 2014년 께즈리왈이 바라나시에서 패배한 뒤 보통사람당은 주요 당직자가 탈당하는 등 상당한 정치적 위기를 겪는다. 께즈리왈과 보통사람당의 몰락은 국민들이 인도국민당의 경제 발전 신화에 눈이 먼 결과였다. 하지만 보통사람당은 재기에 성공했다. 께즈리왈은 2015년 주 의회 선거를 앞두고 주 의회 해산은 자신의 잘못이었다고 델리 시민에게 깨끗하게 사과하고 선거에 임했다. 선거 결과 전체 70석 중 67석을 석권하는 기염을 토했다. 지난번 총선에서 델리의 다수당이었던 인도국민당은 고작 3석밖에 얻지 못했고, 회의당은 단 한 석도 얻지 못했다. 시민 의식이 상대적으로 높은 수도 델리에서는 수구 세력과 동지적 관계에 있는 인도국민당이 아무리 경제 발전이라는 미끼를 던져도 언제나 시민들이 그 손을 들어주는 것만은 아니라는 사실을 알 수 있다. 수구 세력의 난동은 민주주의를 지키려는 깨끗한 정치 세력에 의해 제동이 걸릴 수 있는 것이다. 델리 시민은 불과 1년 사이에 한 번은 경제 발전을, 또 한 번은 부패 척결을 선택해 견제와 조화라는 민주주의의 묘를 보여줬다.

이 대목에서 우리의 걱정은 인도 수구 세력의 난동이 그저 남의 일만은 아닐 것이라는 사실이다. 인도에서 그들이 자행하는 학살과 테러의 집단 광기가 아직 한국 사회에서 발생하지는 않았지만, 그 조짐이 보인다. 그 과정에 권력과 결탁한 부패한 일부 기독교 광신도들이 보이는 파시즘적 행태가 매우 위태롭다. 원래 수구 난동 세력에게는 논리가 필요 없다. 그들이 필요로 하는 것은 감정의 자극뿐이다. 그들은 역사적 의미 같은 것은 전혀 거들떠보지 않는다. 오로지 권력 의지 하나밖에 없기 때문에 그들은 일반인이 상상할 수 없는 일을 저지른다. 그래서 그들을 이겨 내기 위해서는 그들이 저지르는 상상 이상의 행태를 우선적으로 파악해야 한다. 정치에서 진보 의제를 만들어 내고, 정책을 입안해 실천하는 힘을 키워 가는 일이야말로 무엇보다 훌륭한 일이다. 하지만 보수 수구 세력의 메커니즘을 모르고, 준비하지 않은 채 행동하면 백전백패다.

정치권력만으로 세상을 바꿀 수 있는 것은 아니지만, 정치권력 없이 세상을 바꿀 수 없는 것은 분명하다. 그런데 그 권력을 잡기 위한 전제 조건이 있다. 시궁창에 발을 담가야 한다. 고담준론이나 구호만으로는 권력을 잡을 수 없다. 반동의 시대에 정치판은 시궁창이다. 보수 수구 세력이 저지르는 그 시궁창 난동의 역사를 바로 봐야 한다. 이것이 우리가 《인도 수구 세력 난동사》를 집필한 이유다.

# 01

# 인도 현대사 둘러보기:
# 네루에서 수구 세력 수권까지

1947년 8월 15일 인도는 영국의 식민 지배에서 벗어나 인도공화국으로 독립했다. 독립국 인도는 국가 이념을 의회주의, 세속주의, 사회주의적 민주주의 등으로 삼았다. 그리고 1950년 1월에 헌법을 제정, 시행해 총유권자가 1억7천300만 명인 세계 최대 규모의 민주주의 국가가 탄생했다. 인도 헌법은 대통령을 국가 원수로 하는 의원 내각제를 채택하고 있다. 헌법 제1조에 따르면 인도는 여러 주의 연방이라고 명시되어 있다. 하지만 국방, 외교, 화폐, 철도 등을 단독으로 통제하는 중앙 정부의 힘이 막강하다. 의회는 연방 의회와 주 의회로 나뉘는데, 의원은 모두 국민의 직접 선거로 선출된다. 하원은 유권자 50만~75만 명 단위로 의원한 명을 선출하는 소선거구제로 운영되고, 상원은 주州 대표들로 구성된다.

임기 5년의 행정 수반인 대통령은 의회가 간접 선거로 선출하는 의례적인 국가 원수다. 국회는 양원제로 이루어져 있는데 하원을 로끄 사바Lok Sabha(人民院), 상원을 라지야 사바Rajya Sabha(王侯院)라고 한다. 하원은 보통 선거로, 상원은 각 주 의회 의원들의 간접 선거와 대통령 지명으로 선출된다. 의회의 신임을 얻은 수상은 대통령에 의해 임명된다. 하지만 실권은 수상에게 있다. 대통령은 주지사를 지명하고 그 주지사가 각 주의 수상을 임명한다. 각 촌락은 빤짜야뜨Panchayat라는 촌락 의회를 두고 있는데 선거로 위원을 뽑고 그들이 촌락 내의 모든 사항을 결정한다. 결국 인도는 연방에서부터 촌락에 이르기까지 모든 일을 선거라는 민주적인 절차로 결정하게 되어 있어 적어도 형식적으로는 지상 최대의 민주주의 국가의 틀을 갖추고 있다. 인도공화국의 초대 대통령은 라젠드라 쁘라사드Rajendra Prasad, 초대 수상은 자와하를랄 네루였다.

네루는 의회 민주주의와 세속주의 그리고 근대적이면서 사회주의적인 사회의 강력한 신봉자였다. 네루는 회의당('인도국민회의'의 약칭)이 총선거에서 압승한 1952년부터 1964년 사망할 때까지 회의당과 정부 양쪽에서 누구도 도전할 수 없는 권위를 바탕으로 통치력을 행사했다. 1952년 실시된 제1차 총선거에서 회의당이 국민들의 절대적인 지지를 받을 수 있었던 것은 독립 이전부터 유지해 온 회의당의 조직이 최상층부인 중앙에서부터 촌락 수준의 말단에 이르기까지 잘 갖추어진 덕분이었다. 종교, 카스트, 계급, 지역을 망라하는 회의당의 전국적 조직과 민주적 당 운영 체계는 인도의 민주주의를 세속주의, 탈카스트주의, 탈지역주의로 유도했고 이를 기반으로 국민 통합을 이끌어낼 수 있었다.

　네루 집권기에 잘 정비된 인도의 민주주의는 1960년대 후반 이후 쇠퇴하기 시작했다. 네루가 사망한 후 샤스뜨리Bahadur Shastri가 수상직에 올랐으나 1966년 샤스뜨리도 돌연 사망했다. 이후 회의당 내에서 권력을 둘러싼 정파 간 투쟁이 격화했다. 권력 다툼에서 네루의 딸인 인디라 간디Indira Gandhi가 승리하면서 회의당은 둘로 분열되었다. 하지만 회의당은 중앙에서는 집권하는 데 간신히 성공했으나 여덟 개 주에서 야당의 연립 정부에 권력을 넘겨주고 말았다. 인디라 간디의 회의당은 그동안 추진해 온 농업 개혁과 파키스탄과의 전쟁 승리에 힘입어 1971년 총선거에서는 다시 압승했다. 1971년 총선거 승리와 방글라데시 독립 전쟁에서 성공을 거둔 인디라 간디는 국민의 절대적인 지지를 받으면서 당권과 정권을 완전히 장악하고 그 위에서 권위주의적 통치를 했다. 인디라 간디의 권위주의 통치는 1975년 비상사태 선포로 극에 달했다. 1971년 부정 선거 사건으로 수상직에서 물러나게 되자 인디라 간디는 1975년 대통령의 비상 통치를 선포해 권력을 행사했다. 인디라 간디는 헌법에 형식적으로만 부여된 대통령의 행정권을 실질적으로 행사함으로써 헌정 질서를 파괴했다. 인디라 간디는 비상사태 기간 언론의 자유, 집회와 결사의 자유 등을 압살하고 정적들을 구속했다. 이 과정에서 인디라 간디는 당의 중앙과 지역 조직을 자신에게 충성하는 인물로만 채우는 등 당을 철저히 사당화했다. 1977년 총선에서는 의회 민주주의 사수를 기치로 다섯 개의 야당이 합당해 만든 국민당Janata Party(자나따 당)이 승리해 모라르지 데사이Morarji Desai가 수상이 되었다. 그리고 야당이 된 회의당은 1978년에 주요 당직자들이 인디라 간디의 권위적 통치에 반대하며 탈당했고, 이에 인디라 간디는 회의당의 이름 뒤에 자신의 이름인 인디라의 첫 글자 "I"를 추가해 회의당(I)로 명명하면서 분열 속의 정비를 시도했다. 그러는 동안 여당이 된 국민당은 농업과 외환 정책에 실패하고 정파 간 권력 다툼으로 1980년 총선에서 인디라 간디의 회의당(I)에 다시 권력을 내주고 만다.

인디라 간디 집권 동안 인도의 정치 불안은 가속화되었다. 무엇보다도 집권 기간 전반에 걸쳐 경제 성장이 멈추었고 이로 인해 노동자와 농민의 저항이 거셌다. 이 가운데 가장 눈에 띄는 사례는 마오쩌둥毛澤東적 공산주의 혁명을 실현하기 위해 무력 투쟁을 외친 낙살주의Naxalite 운동이었다. 마오쩌둥주의를 기반으로

1967년 서벵갈의 낙살바리Naxalbari라는 작은 마을에서 처음 시작된 이 공산 혁명 운동은 농촌의 빈곤층뿐만 아니라 진보적인 학생과 소외당한 부족들로부터도 상당한 지지를 받았다. 정치 불안의 상황에서 인디라 간디는 원로 정치인과의 협력이나 회의당(I)의 조직화를 포기하고 직접 인민에게 호소하는 전략을 취했다. 그러한 전략은 1971년 선거에서 '가리브 하따오Garib Hatao(가난 추방)'라는 기치로 나타났고 이것이 주효해 이전의 어느 선거보다도 큰 압승을 거두었다.

하지만 인디라 간디의 통치는 민주주의를 심각하게 후퇴시켰다. 1977~79년 국민당 집권기를 제외하고 인디라 간디가 집권한 1960년대 후반부터 1980년대 중반까지 민주적인 선거로 구성된 주 의회가 해산되거나 연방 정부가 통치권을 직접 행사하는 대통령령이 부과된 횟수가 크게 늘어났다. 또한 인디라 간디는 지역에 기반을 둔 군소 정당들을 정치적으로 분열시켰는데 이는 국민 국가 전체의 주체성을 약화시키는 결과를 가져왔다. 이에 해당하는 대표적인 예를 뻰잡, 카슈미르, 앗삼 등에서 찾아 볼 수 있다.

그 가운데 정치적 혼란이 가장 극심한 곳은 뻰잡이었다. 1967년 녹색 혁명 실시 이후 경제적으로 성장한 뻰잡의 시크교도들은 1970년대 후반 이래 정부에 대한 불만을 키워 갔고 급기야는 자신들만의 국가 칼리스탄Khalistan의 분리 독립 주장이 큰 지지를 얻었다. 이 과정에서 인디라 간디 정부는 정권 보위 차원에서 지역민들의 불만을 종교 공동체의 문제로 비화시키는 공작 정치를 자행했다. 이에 네루 이후 인도공화국이 견지해 온 세속 국가의 틀은 크게 흔들렸고, 시크교도들의 분리 독립 주장이 힘을 얻게 되었다. 결국 인디라 간디는 1984년 뻔잡 주 분리 운동을 펼치는 급진주의자들을 일소하기 위해 분리 운동의 본거지인 아므리뜨사르Amritsar의 황금 사원을 무력으로 공격했고, 그 후 시크교도에 의해 암살당한다. 인디라 간디 암살 직후 델리에서는 회의당(I) 정치가들의 사주를 받은 폭도들에 의한 시크교도 학살이 자행되었는데 공화국의 수도에서 1천여 명이 학살되었으나 재판에 회부된 자는 아무도 없었다.

인디라 간디가 암살당한 후 1984년 12월 총선거에서 회의당(I)는 하원 의석수의 80%에 달하는 415석을 차지해 집권을 유지했고 인디라 간디의 아들 라지브 간디Rajiv Gandhi가 수상이 되었다. 라지브 간디는 크게 두 가지의 부문에서 인디라 간디의 정책을 탈피하려는 노력을 했다. 우선 뻔잡에서 아깔리 달Akali Dal과 협정을 맺어 평화를 유지하려 했으나 완전한 성공은 거두지 못했다. 급진주의자들의 칼리스탄 분리 운동은 계속되었고 정부의 주 비상사태 선포와 무력 탄압의 악순환이 이어졌다. 또 다른 라지브 간디의 노력은 경제적인 부문에서 이루어졌다. 라지브 간디는 인도를 세계 자본주의 경제에 개방하려 했다. 그것은 지난

40년 동안 고착화된 부패에 대한 청산 시도였다. 라지브 정권은 스웨덴의 무기 제조 회사인 보포르Bofor사社의 뇌물 사건에 휘말리면서 분열되고 결국 정권을 야당에게 넘겨주었다.

보포르 뇌물 사건 와중에 재무장관을 사임하면서 야당의 길을 택한 싱V. P. Singh의 민족전선National Front은 1989년 총선거에서 라지브 간디가 이끄는 회의당(I) 정부를 이기고 인도 역사상 두 번째로 비회의당 정부를 구성했다. 선거에서 회의당(I)는 하원 의석의 40%에도 미치지 못하는 결과를 얻었고, 다수당의 위치를 차지한 싱은 공산당과 신흥 힌두 우익인 인도국민당Bharatiya Janata Party과의 불안정한 연립을 통해 정권을 확보했다. 그러나 연립 정부 구성원들 간 분파 싸움을 극복하지 못하고 싱의 민족전선은 1991년 선거에서 사라지고 만다. 그렇지만 1989년 총선거를 계기로 인도에서는 정치 상황의 변화가 나타났다. 가장 중요한 변화는 40여 년 동안 유지된 회의당의 일당 우위 정당 체제와 소위 '네루 왕조'가 끝난 것이었다.

1992년 이후 정치는 한동안 수구 진영이 만든 종교 공동체 갈등 프레임이 작동했고 그것은 40여 년 동안 지속된 회의당 일당 지배 체제를 허물어뜨렸다. 인도국민당을 비롯한 민족의용단 Rashtriya Swayamsevak Sangh, 세계힌두협회Vishva Hindu Parishad와 같은 힌두 극우 세력은 1992년 아요디야Ayodhya에 있는 바브리Babri 모스크를 붕괴시키는 데 앞장섰다. 그들은 외부에서 들어온 무슬림이 자신들의 신화《라마야나Ramayana》에 나오는 라마 사원을 파괴하고 그 위에 모스크를 세웠기 때문에 현재의 모스크인 바브리 마스지드Babri Masjid를 파괴하고 그 위에 힌두 사원을 복원해야 한다고 주장하면서 폭력으로 모스크를 파괴했다. 그 과정에서 232명이 살해됐고 이후로도 유혈 사태가 계속돼 500명 이상이 사망했다. 이 사건은 이후 종교 공동체 간 폭력을 심화시켰으니, 힌두는 무슬림을 증오하면서 그에 대한 폭력을 서슴지 않았고 이에 대해 무슬림은 무차별 테러로 응수했다. 그 대표적인 것이 1993년의 뭄바이 폭탄 테러와 2002년 구자라트 주의 무슬림 학살이다.

본격적인 회의당(I)의 붕괴와 새로운 정치 문화 형성은 1996년부터 이루어졌다. 회의당(I)의 쇠퇴는 제11차 총선거인 1996년 선거에서 본격적으로 이루어졌으니, 회의당(I)는 결정적으로 패퇴해 통일전선United Front과 인도국민당에 이어 제3세력으로 전락하고 말았다. 이제 회의당(I)는 건국 이래 40여 년 동안 누려온 카스트, 계층 및 종교 공동체의 구분을 넘어서는 광범위한 지지를 상실했다. 이렇게 되기에는 인도국민당 등이 부추긴 종교 공동체주의의 영향이 컸으나 회의당(I) 내부 민주주의의 쇠퇴와 그에 따른 분파 싸움, 기존 정치가와 관료의 부패, 경제 개혁의 결과 농촌 지역에서의 소농 및 농업 노동자들의 빈곤 심화로 인한 불만 누적, 카스트 간의 모순 심화로 인한 카스트 정치를 대체할 수 있는 정책 부재 등을 들 수 있다.

이 시기가 낳은 또 하나의 새로운 정치 상황은 힌두 우익 정당의 성장이었다. 힌두 우익 정당의 대표 격인 인도국민당은 1984년에 처음으로 총선에 참여했을 때는 단 2석밖에 얻지 못한 군소 정당이었다. 그러나 회의당 일당 우위 정당 체제가 흔들리면서 인도국민당은 종교 공동체주의를 지속해서 제기해 1989년 총선에서는 전체 의석 545석 중 91석을, 1991년에는 119석을 차지하며 비약적으로 성장했다. 그리고 1992년의 아요디야 사태 이후 1996년의 총선에서는 마침내 161석을 차지해 제1당의 위치에 올랐다. 과반을 차지하지 못한 인도국민당은 승리 13일 후에 연립 정부를 구성하지만 집권당의 위치를 국민당이 이끄는 통일전선에 내주게 된다. 하지만 다시 1998년 선거에서 182석을 차지하면서 제1당으로 연립 정부를 구성해 명실상부한 집권당이 되었다. 이후 인도국민당은 강한 국가주의를 천명하면서 파키스탄과의 적대적 관계를 만들면서 핵실험을 강행했고, 신자유주의 경제 정책을 본격적으로 실시했다. 그 결과 인도국민당은 2004년 총선에서 패배해 정권을 다시 내주었다. 2004년과 2009년 총선에서 회의당(I)가 이끄는 통합진보연합United Progressive Alliance(UPA)이 인도국민당 중심의 연합 세력을 누르고 집권하는 데 성공했다. 2009년 개혁 경제주의자로 알려진 재무장관 출신인 만모한 싱Manmohan Singh이 총리로 선출되었는데 그는 네루 이후 처음으로 수상에 연임했다. 2009년 주 의회 선거에서는 공산당 세력이 서벵갈과 께랄라에서 모두 참패하면서 제3당의 가능성이 사라졌고 실질적인 양당제 분위기로 흘러갔다. 그렇지만 2013년 주 의회 선거에서 보통사람당이 혜성처럼 나타나 일약 수도 델리 정부를 접수하면서 제3당의 가능성은 여전히 살아 있다. 2014년 선거에서는 2002년 구자라뜨 학살의 배후자로 지목되던 나렌드라 모디가 이끄는 인도국민당이 절대 과반을 차지하는 압승을 거두었다. 절대 과반은 1984년 인디라 간디 사후 치러진 선거에서 그의 아들 라지브 간디가 이끄는 회의당(I)가 차지한 이후 처음이니 30년 만의 안정된 정부가 들어선 것이다. 인도국민당은 1992년 아요디야 사원 파괴부터 시작해 불을 붙여온 수구 난동의 역사를 30여 년 만에 완성한 것이다.

# 02

민족의용단,
인도 수구 난동 세력의 모태

인도 현대사에서 가장 비극적인 날은 단연 1992년 12월 6일이다. 1947년 국가 건설 이후 한 번도 권력을 제대로 잡지 못했던 야당 보수 세력 가운데 극우 힌두 종교 공동체주의자들이 북인도 아요디야에 있는 모스크를 망치, 도끼, 쇠파이프 등으로 완전히 파괴해 잿더미로 만든 날이다. 아요디야의 이 모스크는 무갈 제국의 시조 바부르가 세운 사원이다. 그들은 인도 내 무슬림을 같은 민족이 아닌 침략자의 후손으로 규정하고 순식간에 500명이 넘는 무슬림을 학살했다. 이후 과격파 무슬림은 힌두 대중을 적으로 규정하고 테러를 감행하기 시작했다. 테러는 다시 학살을 낳고 학살 뒤엔 또 다시 테러가 일어나면서 인도는 이후 20년 넘게 학살과 테러의 광기가 반복되는 나라가 되었다. 그러나 학살과 테러의 악순환이라는 비극의 역사가 시작되는 동안 그들은 처음으로 꿈에 그리던 권력을 쥐었다. 이 비극의 시작, '아요디야 사태'를 기획하고 저지른 집단이 민족의용단이다.

민족의용단은 영국 제국주의가 인도를 식민 지배한 지 150년 정도가 지난 1925년, 민족주의 운동이 활발하게 일어나면서 만들어진 우파 민족주의 단체다. 영국 식민 정부는 인도 민족주의 세력을 약화시키기 위하여 종교 감정을 조장해 힌두 공동체와 이슬람 공동체로 나누어 이간질했다. 이것이 10년 넘게 진행되는 동안 힌두 민족 감정은 고취되고, 그에 따라 무슬림에 대한 적대적 감정이 갈수록 커졌다. 급기야 그들은 인도와 파키스탄이 분단될 무렵 무슬림 공격과 테러에 앞장섰고, 결국 1948년 화합을 주장하며 분단 반대를 외친 간디를 암살하기에 이르렀다. 그리고 그들은 네루 정부에 의해 곧바로 활동 금지령을 받았으나 그 후 얼마 되지 않아 복권되고 차츰 세력을 결집해 지금은 인도 국내외에 3만여 개의 지부를 둔 명실상부한 인도 최대 최고의 극우 단체로 성장했다. 그들은 어떻게 이렇게 세를 불릴 수 있었을까?

민족의용단이 세를 불릴 수 있던 이유는 인도−파키스탄 분단 시 발생한 거대한 재해에 인도주의적으로 접근했기 때문이다. 물론 파키스탄 쪽에서 건너온 힌두에 대해서만 인도주의적 태도를 보인 것이지 반대의 경우도 해당되는 것은 아니다. 인도−파키스탄 분단은, 1947년 8월을 전후로 몇 개월 사이에 1천200만 명이나 되는 사람들을 새로 만들어진 국민국가 인도와 파키스탄으로 이동시킨 인류사 최대의 비극이다. 인도로 내려온 난민들은 살육의 아비규환 속에서 부모 형제를 잃거나 고향과 재산을 잃은 사람들이었다. 자연히 무슬림에 대한 원한과 복수심이 사무칠 수밖에 없었고, 그들에게 파키스탄은 평생 불구대천의 원수의 나라가 되었다. 고향을 떠나 도착한 낯선 땅, 물선 곳에서 그들을 맞이해 주는 사람은 없었다. 식민지를 갓 벗어난 인도 정부는 그들을 챙길만한 여력을 아직 갖추지 못했고, 가난에 찌든 국민들도 제 목숨 하나 부지하기 힘든 상황이었다. 이때 나선 사람들이 민족의용단이었다.

민족의용단은 우선 난민촌에서 구호와 의료 지원에 관한 일을 도맡아 했다. 당시 난민들을 돌보는 일은 민족의용난뿐만 아니라 기독교 선교사들도 함께했다. 그런데 기독교 선교사들의 목표는 난민 보호와 더불어 기독교로의 개종이었다. 그래서 분단 과정에서 종교와 개종을 둘러싸고 돌이킬 수 없는 마음의 상처를 입은 힌두 난민들에게 기독교 선교사의 호의는 심금을 울리지 못했다. 그래서 난민은 적어도 겉으로는 아무런 대가 없이 자신들을 힌두 민족으로 품는 데에만 열중하는 민족의용단의 모습에 감동을 받았다. 그러면서 난민들은 서서히 '우리' 민족은 '인도' 민족이 아니라 '힌두' 민족이고, 파키스탄과 무슬림은 원수라는 민족의용단의 사고 프레임에 동조하게 되었다. 결국 세는 이념이 아닌 가슴으로 불리는 것이다.

아직 기능을 제대로 갖추지 못한 정부는 하는 수 없이 전국 조직을 갖춘 민족의용단에게 난민 정착의 일을 맡기다시피 했다. 인도에서 파키스탄으로 간 이주민들과 파키스탄에서 인도로 온 이주민들의 주택 및 재산 현황을 조사해 서로 비슷한 규모로 배분해 주는 정책이 실시되었는데 이 과정에서 그 집행을 맡은 민족의용단의 입김은 매우 세졌고, 난민들은 그들에게 기대어 사는 것이 가장 현명한 처사임을 알게 되었다. 그래서 많은 난민이 자신들의 이념과는 관계없이 민족의용단에 가입하기도 했다. 비로소 보수 집단의 본질인 권력과의 유착 그리고 부패 위의 군림과 세 확보라는 메커니즘의 싹이 배태되기 시작했다.

파키스탄에서 인도로 이주해 왔다 할지라도 그들이 민족의용단이 가지고 있던 힌두주의를 신봉하는 사람들은 아니었다. 그들이 피난을 온 동기는 민족의용단이 크게 홍보했던 것처럼 힌두주의에 기반을 둔 새로운 국가 건설에 동참하려는 것이 아니었다. 그들 대부분은 힌두와 무슬림 간의 종교 공동체 폭력 사태를 잠시 피하고자 왔다. 또 당장 먹고 살 일이 막막하여 민족의용단에 가입했을 뿐이었다. 그들은 반反무슬림주의자도 힌두 근본주의자도 아니었고, 단지 뻔잡의 소산인 민족의용단에 대해 자부심을 가졌다. 그들은 대부분 네루 정부의 세속주의를 지지했다.

하지만 무슬림에 대한 적개심이 점차 커지며 난민들은 극우 힌두 민족주의자로 변하기 시작했다. 난민 캠프에서는 하루가 멀다 하고 힌두와 무슬림 사이에 폭력 충돌과 난동이 벌어졌다. 그런데 그 난동을 주도하고 조직한 세력은 바로 민족의용단이었다. 그들은 겉으로는 난동을 부인하면서 자작극을 비롯한 온갖 방법을 동원해 난동을 사주하고 실행에 옮겼다. 낮에는 인도주의자이고 밤에는 테러 집단이었다. 그러다 마하뜨마 간디를 암살한 후 1948년 2월 조직의 대표들이 대거 체포되고, 조직 전체의 활동이 금지되었다. 민족의용단 입장에서는 더할 수 없는 치명타였다. 하지만 그들에 대한 분위기가 그렇게까지 악화일로를 걷지는 않았다. 비록 민족의 아버지로 추앙받는 간디를 암살한 것에 대해 거의 모든 국민에게 비난을 받았고 종교 공동체주의자라는 낙인이 찍혔지만, 아이러니하게도 이미 불구대천의 원수가 된 무슬림에 대한 저항자로서 보이지 않는 지지를 받았고, 이미 더욱 굳어진 힌두라는 동류의식을 통해 국민들로부터 넓은 동정을 받을 수 있었다. 여기에 곳곳에서 무슬림과의 종교 공동체 분쟁이 빈발하고 이윽고 카슈미르 분쟁이 발발하면서 파키스탄에 대한 적개심이 커지자 그 속에서 힌두 민족주의는 쉽게 성장했다.

분단 후 인도의 정치 문화는 네루Jawaharlal Nehru가 이끄는 의회 연방제와 세속주의를 중심으로 탄탄하게 다져졌다. 이미 분단과 그로 인한 민족상잔의 비극을 도처에서 겪은 인도인들은 더 이상 민족 분규 혹은 공동체 갈등이 심해지는 것을 원하지 않았다. 네루가 수립한 자유주의와 세속주의에 기반을 둔 국가 중심의 정책이 새로 건설된 국가의 통치 중심으로 자리 잡으면서 종교, 카스트, 계층, 지역, 언어 등을 초월하는 국민 단합의 정치가 뿌리내렸고 정치 행위자 간 협력과 합의의 정치 문화가 널리 조성되었다. 하지만 민족의용단과 같은 계열의 정치 조직인 국민단國民團/Jana Sangh(현재 집권 여당인 인도국민당의 전신)은 이러한 근대적 국가 운영에 제대로 적응하지 못한 채 과거의 힌두 쇼비니즘적 정치에만 과도하게 의존했고, 그 결과 의회 민주주의 체제의 정책 정당으로 성장하는 데 실패했다. 그러면서 민족의용단을 비롯한 힌두 민족주의 정치는 자연스럽게 쇠퇴할 수밖에 없었다.

하지만 민족의용단은 지치지 않고 수구 이데올로기 확산에 열중했으며 집권 여당에 속한 자신들과 비슷한 민족 우파 계열의 정치 인사들을 포섭했다. 그 인사들은 민족의용단이 폭력적이고 종교 공동체 갈등에 너무 의존한다고 보아 네루와 함께할 뿐, 본래 뿌리는 그들과 같은 사람들이었다. 이와 동시에 민족의용단은 전국 농촌 각지로 들어가 자신들의 민족 우파 이데올로기를 교육하고 봉사하면서 조직을 재건하는 데 열과 성을 다했다. 이 같은 방식이 먹혀들어 정부는 몇 가지 조건을 전제로 민족의용단의 활동 금지를 해제해 주기로 했다. 이에 그들은 앞으로 절대 폭력을 행사하지도 않고, 국가를 전복하려 하지도 않겠다는 결의를 분명하게 밝혔다. 철저한 거짓이었다. 순전히 정치적인 언술이었지만, 그러한 수구 세력의 거짓말에 국민은 쉽게 감동했다. 국민은 그들을 용서했고, 그러면서 그들의 힘은 시간이 갈수록 커졌다. 그 안에 폭력이 배태된 것은 두말할 필요도 없는 사실이다. 폭력은 그들의 신앙이요 전술의 핵이기 때문이다.

수구 정치 세력에게 '양심'이나 '신의'와 같은 개념은 의미가 없다. 그들은 오로지 권력을 잡는 데 무엇이 도움이 될지를 계산할 뿐이다. 결과가 중요할 뿐 과정은 중요하지 않다. 그래서 그들의 언어는 거짓이다. 한국의 이명박 전 대통령도 대통령 선거 당시 숱한 거짓말을 했고, 대통령이 된 후에도 그랬다. 그것은 박근혜 대통령의 경우도 마찬가지다. 그런데 양자의 거짓말에는 분명한 차이가 있다. 이명박 전 대통령은 2008년 촛불 집회 때 본인이 청와대 뒷산에 올라 '아침이슬'을 부르며 반성했다며 국민을 세치 혀로 속였고, 4대강은 운하와 아무 관계가 없다며 또 다시 국민을 속였다. 제 스스로 선거를 앞둔 사람이 무슨 말인들 못하겠냐고 했으니 더 이상 할 말이 없다. 박근혜 대통령은 이와 경우가 다르다. 그는 선거 때 내세운 공약을 거의 대부분 파기했고, 국정원이 개입된 부정 선거에 대해 적극적으로 국민을 속였으며 거짓 종북 프레임을 설정했다. 압권은 그가 2014년 1월 한국의 대통령으로 인도에 가서 마하뜨마 간디 추념비에 적힌 7대 사회악에 관한을 두고 '지금도 가슴에 와 닿는다'고 술회했다는 사실이다.

이명박 전 대통령은 스스로 거짓말을 한다고 믿었던 것 같지만, 박근혜 대통령의 경우는 그렇지 않다. 그는 스스로 간디의 말씀대로 하고 있다고 믿을 것이다. 이명박 전 대통령이 거짓말을 자유자재로 하는 장사치라면, 박근혜 대통령은 거짓에 대한 자각자체가 없는 수구 세력이다. 아렌트가 아이히만을 두고 '악의 평범성'이라 한 것에 빗댄다면, 박근혜 대통령은 '거짓의 일상성'이라 말할 수 있다. 필자는 어떤 행동이 죄인 줄 알면서 저지른 자보다 그것이 죄인 줄 모르고 저지른 자의 죄가 더 무겁다는 말에 동의한다. 수구 세력은 그들의 행동이 죄가 되는 줄 모르고 저지르고 다니는 자들이다. 그래서 그들이 무섭고, 그들의 행동이 소름끼치는 것이다.

민족의용단은 얼핏 보면 한국의 분단 과정에서 활동한 우익단체 서북청년단과 닮았다. 근본주의를 사상적 기반으로 한다는 점이 우선 같다. 인도의 경우 힌두교라는 종교가, 한국의 경우는 반공주의라는 사상이 기반이 되었지만, 반공주의나 힌두주의나 똑같이 이데올로기의 한 방편이라는 점에서 둘은 결국 이데올로기가 낳은 일란성 쌍생아다. 분단의 시기에 고향을 버리고 강제 피난 온 사람들이라는 사실과 상대방에 대한 적개심을 근간으로 한다는 점도 공통점이라 할 만하다. 가장 중요한 공통점은 둘모두 인도주의적 구호와 테러 난동을 동시에 구사하는 전략을 사용했다는 것이다. 하지만 자세히 들여다보면 둘은 매우 다르다. 우선 인도의 민족의용단은 반영 민족 운동에서 상당한 역할을 했지만, 서북청년단은 그러한 역사성을 갖지 못했다. 민족의용단은 독자적으로 운동했으나 서북청년단은 처음부터 친일파와 이승만 독재 정권에 줄을 댐으로써 정당성을 얻지 못했다. 민족의용단은 독립 후 40년 정도 지나자 폭력과 테러의 난동을 주도하면서 새로이 정권을 창출하는 행동대원 역할을 할 수 있었지만, 서북청년단은 한때의 테러 집단으로만 존재하다 사라져 버렸다. 인도의 수구 세력은 이론적 틀이나마 갖추고 있지만, 한국의 경우는 그마저 없다. 역사적 자부심이나 이론적 틀 없는 양아치 세력이 그것들을 갖춘 수구 난동 세력보다 덜 위험한 것은 분명하지만, 수준 안 되는 양아치 세력이 국가를 농단했던 모습은 분명 씁쓸하다.

# 03

# 수구 세력의 보물 창고,
# 카슈미르

카슈미르는 분단된 지역이다. 인도가 독립할 당시 하나의 인도에 대한 민족주의적 요구가 있었다. 그 민족주의는 반제국주의를 표방하며 새로운 국가 건설이라는 진보적인 역사적 과제를 내세웠지만 동시에 힌두 중심주의라는 치명적 배타성을 갖고 있었다. 그 배타성이 마하뜨마 간디를 비롯한 수많은 이들의 목숨을 실제로 빼앗았고 지금도 사람들을 죽이고 있다. 1947년 이래 인도와 파키스탄의 대립은 카슈미르에서 가장 강렬하고 폭력적인 방식으로 나타났으며 카슈미르에서의 분단과 대립은 지금도 진행 중이다. 힌두 중심의 인도와 이슬람의 파키스탄 지배층은 인민의 불만을 잠재우고 자신들의 지배권을 공고히 하기 위해 대내적 결속을 위한 대외적 갈등 조장이라는 오래된 지배 전략을 포기하지 않고 있다. 그들은 카슈미르의 분단 상황을 종식시킬 방안을 찾는 데는 별 관심이 없어 보인다.

우리의 남북 이산가족 상봉처럼 양국 정부는 인도령 카슈미르와 파키스탄이 지배하는 카슈미르로 흩어진 이산가족들을 상봉시키기 위해 '평화의 버스'라는 것을 만들었다. 첫 번째 버스가 출발하는 행사장에는 인도의 만모한 싱 수상이 직접 참석해 "이제 움직이기 시작한 이 평화의 버스를 누구도 멈추게 할 수 없을 것"이라고 선언했다. 하지만 지금까지 2만여 명이 넘는 신청자 가운데 실제로 그 버스를 탄 주민이 400명에 못 미치는 것을 보면 양국의 지배 집단이 카슈미르 문제를 대하는 태도를 짐작할 수 있을 것이다.

1947년 독립 이후로 인도와 파키스탄은 카슈미르 영유권을 놓고 세 번의 전쟁을 치렀다. 카슈미르는 한반도와 비슷한 22만여 제곱킬로미터 넓이의 땅에 1천255만 명(Census of India 2011 기준)의 인구가 사는데, 이슬람교도가 다수고 힌두교 신자가 소수다. 1846년 힌두교도인 이 지역 토후국 왕이 관할권을 동인도 회사에서 매입해 자치권을 행사하다 1947년 인도와 파키스탄이 분리 독립하면서 귀속될 곳을 선택해야 하는 문제가 발생했다. 문제가 복잡해진 이유는 당시 카슈미르 지역 주민의 대부분(77%)이 이슬람교도였지만, 통치 집단은 소수 집단인 힌두교계(22%)였기 때문이다. 나중에 파키스탄의 초대 수상이 된 진나Muhammad Ali Jinnah가 이끈 무슬림연맹은 카슈미르가 지리적인 근거에서나 언어학적, 문화적, 종교적인 이유에서도 당연히 파키스탄에 편입돼야 한다고 주장했다.

1947년 10월 힌두교도였던 마하라자 하라싱Maharajah Harasingh 왕이 전격적으로 인도 편입을 결정하자 파키스탄이 지원하는 이슬람계 무장 집단이 수도인 스리나가르Srinagar 점령을 시도했고, 인도가 이에 군사 대응하면서 제1차 인도−파키스탄 전쟁이 발발했다. 그해 11월 인도의 네루 수상은 주민 투표에 따라 카슈미르의 장래를 결정하기로 약속했고, 1948년 1월에는 카슈미르 문제를 유엔에 상정했다. 1948년 8월 유엔의 중재로 정전 합의가 이루어졌고, 1949년 7월의 카라치Karachi 협정에 따라 카슈미르는 인도와 파키스탄에 의해 각각 63%와 37%씩 분할되었다. 1963년 인도는 잠무−카슈미르 지역을 독립된 주로 승격시켰다.

이후 유엔의 정전 감시 활동에도 불구하고 1950년대와 60년대 초반까지 정전 경계선을 따라 수많은 무장 충돌이 발생했다. 그러던 중 1964년 12월 양국 간 전면전이 촉발했다. 1965년 9월에는 중국이 개입하면서 전쟁이 더욱 복잡한 양상으로 전개된다. 파키스탄이 중국 신장 지역에 접한 아자드 카슈미르 서쪽 지역 일부를 중국에 넘겨준 데 자극받은 인도가 잠무−카슈미르에 대한 영유권 강화 조치에 나서자 이슬람 주민의 폭동이 발생했다. 이전에도 인도와 국경 분쟁을 벌인 바 있는 중국이 파키스탄 측을 지지하고 중국-인도 접경 지역에서 인도군의 철수를 요구하면서 인도 북동부의 시킴Sikkim과 중국의 티베트Tibet 접경에서 인도-중국 간 교전이 발생하기도 했다. 1965년 9월 유엔의 제의로 정전 협정이 발효되면서 대규모 지상전은 종식되었다. 산발적인 교전은 계속되었지만 1966년 1월 소련의 중재로 타슈켄트 선언Tashkent Declaration을 발표하면서 전쟁은 공식 종결되었고, 양국은 1949년 설정된 정전 경계선으로 복귀했다. 2차 분쟁의 결과 인도는 소련과 가까워졌고, 파키스탄은 미국과 중국 쪽으로 기울었다. 2차 분쟁은 카슈미르 문제가 단순히 인도와 파키스탄 간의 영토 분쟁이 아니라 국경을 맞댄 중국과 아프가니스탄 그리고 그 바로 북쪽의 소련까지 관련된 국제 문제임을 알게 해준다. 또 당시의 냉전 상황은 카슈미르 분쟁을 미-소 대리전의 성격까지 띠게 만들었다.

인도와 파키스탄의 분쟁이 양국의 국내 정치적 필요에 의한 것임을 가장 잘 보여주는 사례가 바로 3차 분쟁이다. 1971년 12월 서파키스탄과의 차별에 불만을 품어온 동파키스탄이 독립을 선언하자 인디라 간디 수상은 인도군을 파견해 동파키스탄을 지원한다. 인도가 적대국인 파키스탄을 견제하기 위해 서파키스탄에 의해 홀대받던 동파키스탄을 사주해 독립 전쟁을 유발한 것으로 보는 게 일반적인 해석이다. 여기에 인도 수상 인디라 간디가 국내 정치 위기를 벗어나기 위해 적성국과의 전쟁을 결행했다는 시각도 있다. 당연히 파키스탄군과 전면전이 발발했고 인도 측의 승리로 동파키스탄은 방글라데시로 독립했다. 이에 인디라 간디의 국내 지지율은 치솟게 된다. 이 전쟁에서도 카슈미르 지역은 주요 전장이 되었다. 전쟁이 공식 종료된 1972년 1월의 시믈라Simla 협정에서 설정한 정전 경계선이 오늘날의 통제선 LOC(Line of Control)이 되었다.

그 이후 더 이상의 전면전은 발생하지 않았지만, 인도와 파키스탄 두 나라 모두 카슈미르 지역을 군사 요새로 만들며 긴장을 유지해왔다. 경제적으로 곤란을 겪으면서도 긴장 상황을 빌미로 한 두 나라의 군비 경쟁이 치열했고, 1974년 인도 핵실험 이후 핵 개발에 엄청난 자원을 동원한 두 나라 모두 사실상 핵무기 보유국가가 되었다. 물론 인도의 핵 개발은 중국에 대한 압박을 염두에 둔 미국의 묵인하에 이루어진 것이다. 인도가 매년 100억 달러 넘게 지출하는 군사비의 상당 부분이 카슈미르 분쟁과 관련된 것이었다(최근에는 중국을 의식해 해군, 공군력 증강을 명분으로 다시 대규모 군비 확충을 하고 있다). 파키스탄은 오랫동안 평균 30억 달러, 정부 예산의 40% 정도를 군사비로 지출해 왔다. 외채 문제가 심각한 파키스탄이 해마다 지불하는 원리금 상환 액수와 비슷한 규모다. 파키스탄의 핵무기 개발을 주도한 부토 전 수상은 "풀을 뜯

어먹고 살더라도 핵무기를 가져야 한다"고 말한 것으로 유명한데, 정작 본인들이 아니라 가난한 국민들이 그 비용을 감당해야 했다.

1990년대 이후에는 유엔의 정전 감시 활동으로 인도-파키스탄 통제선에서의 분쟁은 현저히 줄었다. 하지만 잠무-카슈미르 주 안에서는 회교도와 힌두교도 간에 여전히 테러와 폭동, 게릴라전이 발생하고 있다. 1989년부터 잠무-카슈미르해방전선 JKLF이 본격적으로 무장 투쟁에 나서면서 인도 영토 안에서도 테러로 인한 희생자가 속출했다. 이들은 인도나 파키스탄으로의 귀속이 아닌 카슈미르의 분리 독립을 목표로 한다. 1989년 이래 7만여 명의 카슈미르인이 사망했는데, 비무장 민간인이 대부분이라고 한다. 그러나 현지 인권 단체가 주장하는 사망·실종자 규모는 그 두 배가 훨씬 넘는다. 투옥된 사람은 4만 명 이상, 난민도 17만5천 명 이상 발생했는데, 더 큰 문제는 현지에서 활동하는 민간 단체의 실태 조사 외에는 제대로 된 공식 통계도 없다는 것이다.

인도나 파키스탄으로의 귀속은 카슈미르 문제의 해법으로서 대중적 지지를 잃었다. 남은 대안은 분리 독립론과 자치론이다. 현지의 여론은 분리 독립을 요구하는 목소리가 강한데, 현실적으로 어렵다. 인도와 파키스탄 두 나라 모두 분리 독립을 허용할 생각이 없다. 분리 독립한 카슈미르가 정치·경제적으로 독자 생존할 가능성이 낮기 때문이다. 인도 연방에 소속된 상태로 높은 수준의 정치적 자립을 이룰 것을 목표로 하는 자치론은 이미 '카슈미르의 전폭적인 자치를 허용한 인도 헌법 제370조'라는 법적 근거를 가지고 있다. 그러나 계속된 무력 분쟁을 빌미로 인도의 지배 집단은 그 시행을 무기한 연기하고 있는 상황이다. 자치를 허용하지 않아 갈등이 고조되고, 갈등을 핑계로 자치를 허용하지 않는 악순환이 계속되고 있는 것이다.

위에서 본 것처럼 세 번의 인도 파키스탄 전쟁은 남아시아를 둘러싼 국제 정세와도 긴밀하게 연관되어 있었고 지금도 그렇다. 하지만 동시에 인도의 국내 정치적 맥락도 카슈미르 분쟁의 중요 원인이다. 첫 번째 전쟁은 인도와 파키스탄 정부 둘 다가 필요로 한 신생 독립 국가의 안정과 결속력 강화에 큰 도움을 주었다. 인도의 1964~66년은 초대 수상이자 독립의 아버지였던 네루의 사망(1964년 5월)과 그 뒤를 이은 샤스뜨리Lal Bahadur Shastri의 급사 그리고 인디라 간디의 집권이라는 정치적 급변의 시기였고, 1965~66년의 대기근과 1966년의 외환 위기로 국민의 경제적 삶이 큰 곤경에 처한 시기이기도 했다. 1966년의 외환 위기로 국가 자본주의 모델의 계획 경제가 중단되고 인도 경제에 세계은행이 개입하게 된다. 이는 1991년의 외환 위기로 신자유주의가 전면화되는 것과 동시에 종교 공동체주의Communalism가 기승을 부리게 되는 상황과도 유사하다. 동파키스탄이 방글라데시로 독립되는 과정에서 인도 정부가 군사적으로 개입한 세 번째 전쟁을 계기로 인디라 간디는 떨어진 대중적 지지를 일시적으로 만회할 수 있었고, 그 기세를 몰아 인디라 통치Indira Raj라 불리는 권위주의적 통치 시대를 열었다. 1971년 선거에서 국회의원에 당선된 인디라 간디는 네루의 딸이라는 후광과 집권당으로서의 프리미엄에도 불구하고 부정 선거에 의존해야 할 정도로 인기가 바닥이었다. 그 선거는 지리한 재판 끝에 1974년 대법원의 부정 선거 확정 판결을 받게 되고, 인디라 간디는 비상사태 선포라는 극단적인 수단으로 정치적 곤경을 돌파하려 했다. 또 인도 정치의 가장 암적인 요소인 종교 공동체주의가 기승을 부릴 명분이 생긴 것도 카슈미르 분쟁이 인도 국내 정치에 미친 영향이다.

이 대목에서 2001년 발생한 인도 국회의사당 테러 사건에 주목할 필요가 있다. 2001년 12월 13일 오전 11시 30분, 무장 괴한 다섯 명이 사제 폭탄을 실은 차를 몰고 인도 국회의사당에 돌진했고, 총격전으로 모두 사망했다. 그들은 이상하게도 다른 테러리스트들과 달리 자신들이 누구인지 확인시켜줄 만한 증거들을 많이 가지고 있었다. 얼마 후 네 명의 배후 세력이 체포되었다. 대법원은 그 가운데 대표격인 모하마드 아프잘Mohammad Afzal이 테러 집단 소속이라는 증거는 없다고 보았으나, 인도국민당을 비롯한 수많은 극우 세력의 난동에 밀려 사형을 집행했다. 인도국민당 수구 세력이 권력을 유지하기 위해 저지른 자작극에 법원, 언론, 시민 단체, 학계 등이 굴복했다는 여론이 많았다. 그 후 힌두 근본주의 정치는 무슬림을 희생양 삼아 승승장구했고, 인도국민당은 편안하게 권력을 잡았다. 이에 대해 아룬다띠 로이 Arundhati Roy는 힌두 수구 세력이 머지않아 인도 내 무슬림을 카슈미르 무슬림 독립 투쟁의 인질로 삼아 그들을 공격할지도 모른다고 경계했다.

인도 보수 정치인에게 카슈미르라는 존재는 언제든 정국의 분위기를 반전시킬 유용한 화약고인 셈이다. 여기에 최근 아프가니스탄 내전 문제까지 겹치면서 그곳은 인도 정국의 핵인 테러와 국지전이 끊임없이 일어나는 마르지 않는 샘이 되어 있다. 이 점에서는 파키스탄 또한 마찬가지다. 그 가장 좋은 예가 파키스탄이 카슈미르에 대한 세계적 관심을 끌어내 향후 더 유리한 고지를 차지하기 위해 벌인 2008년 뭄바이 테러다. 세 번의 전쟁 모두 인도의 지배층에게 큰 이익을 가져다 주었고, 두 나라 민중은 갈등, 증오, 폭력으로 가득 찬 삶을 강요당했으며 자신들이 마땅히 누려야 할 경제적 자원조차도 핵무기 개발 따위에 빼앗기고 말았다.

## 04

# 모든 곳, 모든 사람을 조직해
# 행동대원으로 삼아라

'의용단일가義勇團一家(Sangh Parivar)'는 "민족의용단과 뜻을 함께하는 하나의 가족 혹은 일가一家를 이룬다"하여 붙여진 이름이다. 이름부터가 전형적인 보수의 개념이며 인도 전통 문화에서 가장 가치 있는 것이 단연코 가족/일가 문화임을 보여준다. 힌두 사회에서는 대가족을 Joint Family, 즉 결합 가족이라 부르는데 큰 틀에서 '우리' 개념과 비슷하다. 대가족 중심의 사회에서 부계 사촌의 공동체인 가족은 같이 농사짓고 생산하는 경제 공동체이자 사회적으로 카스트 공동체이며 모든 의례를 함께하는 운명 공동체다. 그래서 많은 사람이 '빠리와르'(가족 혹은 일가)라 하면 지금은 사라져 버린 아름다운 '우리들의' 공동체라고 느낀다. 그래서 상그 빠리와르, 즉 의용단일가는 단순한 결사체 연합이 아닌 혈족 집단을 추구하는 공동체다.

그 일가를 이루는 각 집단은 모두 힌두 민족주의에 기반을 둔우익 집단들로, 같은 계열의 운동 단체이긴 하나 조직과 재정은각각 독립적으로 운영된다. 한국의 경우를 들어 이해하자면 서정갑, 조갑제 등이 주도하는 '국민행동본부'와 비교할 수 있다. 2013년 1월 2일, 〈조선일보〉 사설 지면 하단에 "다수결을 포기하고 좌익에 굴복, 국정원을 김정은에게 상납한 황우여 세력을몰아내자"라는 광고를 낸 국민행동본부는 인도의 의용단일가와매우 닮았고, 그 정당 단위인 인도국민당은 새누리당과 너무나도닮았다. 인도 의용단일가의 궤적을 살펴보면 한국의 수구 세력이 어디로 어떻게 가는지 볼 수 있을 것이다.

의용단일가의 성장은 1960년대에 민족의용단 단원들이 사회의 다양한 분야에 참여해 자신들의 이념을 곳곳에 퍼뜨리고자 각부문에서 새로이 조직하거나 그 조직을 확대 개편하는 데 적극적으로 앞장서면서부터였다. 그들은 기존의 보수적 분야는 말할것도 없고, 심지어는 자신들과 노선이 전혀 다른 곳에도 진출했다. 자신들이 암살한 간디의 추종자들이 주도하던 농촌 개혁 운동에까지 가담할 정도였다. 인도노동자단Bharatiya Mazdoor Sangh이라는 노동조합, 인도농민단Bharatiya Kisan Sangh이라는 농민 운동 단체도 만들었다. 학생 운동에도 손을 뻗쳐 전인도대학회의Akhil Bharatiya Vidyarthi Parishad라는 대학생 운동 단체도 조직해냈다. 그들에게 진보의 전유물이라는 것은 없었다. 그 어떤 곳이든 들어가지 못할 곳도 없고, 들어가지 않은 곳도 없었다.

의용단일가는 1949년 활동 금지가 해제되긴 했으나 큰 세력으로 성장하지는 못했다. 네루가 추진한 세속주의와 국민 화합의 힘에 밀려 변변한 힘을 쓰지 못했던 것이다. 그래서 민족의용단을 중심으로 하는 보수 진영은 정당을 만들기로 합의하고 인도국민단Bharatiya Jana Sangh을 창당한다. 힌두뜨와Hindutva(힌두性/힌두스러움. 힌두교를 믿는 사람만이 인도 민족이라고 주장하는 극우 힌두 민족주의 사상) 이데올로기를 중심으로 연계 단체들이 다양하게 문제 제기하고 행동하는 동시에 권력 쟁취를 목표로 구체적인 정책을 입안하는 정당을 만들어 양립 체제를 완성한 것이다. 인도국민단은 1977년 국민당Janata Party을 거쳐 짧지만 정권 교체를 이루었고, 1980년에는 인도국민당으로 다시 당을 바꿔 1998년부터 2004년까지 정권을 차지했으며, 2005년 이후 10년 동안 회의당에 정권을 내주었으나 2014년 다시 정권을 장악했다. 인도국민당의 성공에는 수구 세력을 규합하는 의용단일가의 힘이 절대적으로 작용했다.

1960년대부터 각 분야에서 단체를 조직해 세를 확장한 의용단일가는 정치, 경제, 사회, 교육, 종교, 문화, 여성, 노동, 학생, 환경, 인권 등 관여하지 않은 분야가 없을 지경이고, 전국 규모의 소속 단체만 약 40개에 달한다. 대표적인 소속 단체로 세계힌두협회Vishva Hindu Parishad를 들 수 있다. 그들은 다양하고 이질적인 힌두교를 단일 종교로 변형 왜곡한 신新힌두교를 이데올로기 삼아 사회 곳곳에서 암소 도살, 불가촉천민 기독교인 강제 재再개종 등 종교 관련 사회 문제를 일으키는 단체로 폭력과 테러를 일삼는다. 바브리 모스크에 '라마 탄생지'를 기념하는 힌두 건립 운동에 불을 붙인 집단이 바로 세계힌두협회. 또 다른 폭력 집단으로 바즈랑 달Bajrang Dal이라는 청년 전위 조직이 있다. 하누만 Hanuman이라는 원숭이 신이 주군인 비슈누의 화신 라마를 위해 마왕과의 전투에 헌신한다는 힌두교 신화에서 이름을 따 '하누만의 당'이라고도 불린다. 바즈랑 달의 단원 수는 약 130만 명이고, 지부만 해도 2천500개나 된다. 그들은 전국 각지의 주요 무슬림 모스크를 파괴하고 그곳에 힌두 사원을 건설하는 것을 가장 중요한 목표로 삼고 있다. 그 가운데 하나가 아요디야의 바브리 모스크다. 의용단일가는 정치적으로 특히 민감한 시기, 즉 총선을 앞둔 시기에 일부러 무슬림을 비난하고, 그들에게 폭력을 행사하면서 종교 공동체 갈등을 자극하는 데 모든 노력을 쏟는다.

그들이 전가의 보도로 삼는 폭력은 조직에서 주도하지만, 직접 폭력에 가담하는 자들은 대부분 동원된 자들이다. 동원된 폭력배들은 살인과 방화를 저지르는데 약탈의 비중도 매우 크다.

그들은 인도에서 사회적으로나 경제적으로 최하층에 속하는 자들이다. 가진 것도, 배운 것도 없으며 자기 의식을 갖추지 못한 사람들이다. 그래서 조직에 고용되어 폭력에 가담할 때, 물품을 약탈하면서 따로 자신의 수입을 올리기까지 한다. 이에 대한 도덕적 양심적 가책은 특별히 느끼지 않는다. 그리고 그 폭력을 권력이 묵인하면서 자발적으로 약탈에 가담하는 자들까지 우후죽순처럼 생겨난다. 따라서 그들에게 특정 집단의 이념이나 정책은 별 의미가 없다. 현실적 요구, 즉 '먹고사니즘'이 가장 중요하다. 그들에게 폭력 참여는 하나의 생계 수단이며, 생활 방식이다.

바즈랑 달과 같은 조직은 의용단일가가 타깃으로 삼는 정치·사회·교육·문화·학문·예술 등의 모든 활동을 협박과 테러로 응징하는 전위를 담당한다. 2000년 부산국제영화제에 출품되어 호평을 받았던 디빠 메흐따Deepa Mehta 감독의 영화 〈워터 Water〉가 갠지스 강을 모독했다며 의용단일가 단원들이 단체로 갠지스 강에 투신자살하겠다고 협박해 영화 촬영을 저지한 것이 그 예다. 그들은 여주인공역을 맡은 배우의 종교가 이슬람이기 때문에 이 영화가 힌두를 모욕한다는 논리를 폈고, 이러한 부당한 공세도 이슬람에 대한 적개심이 쌓여 있던 많은 국민으로부터 상당한 지지를 받았다. 그들은 모든 힌두 악습의 원인을 거리낌 없이 무슬림에게 전가하는 집단이다. 2008년에 인도의 저명한 화가 후세인M. F. Hussain의 전시회를 난장판으로 만든 것도 그들이었다. 그들은 후세인이 바라따 마따Bharata Mata(어머니 인도) 여신을 누드로 그려 힌두교를 모욕했다고 주장했다. 뿐만 아니라 그들은 패션쇼나 밸런타인데이Valentine's Day 행사장을 공격하기도 했는데, 이 또한 힌두 고유의 전통 문화를 모욕했다는 이유에서였다. 심지어 그들은 엄연한 정당인 사회주의당Samajwadi Party에 대해서까지 폭력을 행사하기도 했다. 그들은 사회주의당이 불가촉천민의 권익 보호를 목표로 정치를 하는 불가촉천민의 정당이기 때문에 힌두 사회의 근간인 카스트 체계를 뒤흔드는 단체라고 주장한다. 2010년에 영화배우 샤룩 칸Shah Rukh Khan이 인도 크리켓 프리미어 리그에 파키스탄 선수를 영입한다는 결정을 지지하자 신랄하게 비난하면서 살해 협박을 한 것도 그들이었다.

의용단일가에 이러한 폭력 단체만 있는 것은 아니다. 비정치적이면서 일상생활에 밀착해 일하는 단체도 꽤 있다. 그중 하나가 인도발전협회Bharat Vikas Parishad다. 그들은 건강 교실을 열어 요가를 장려하고, 장애인의 사회 적응을 돕는 일을 주로 한다. 그 과정에서 인도라는 국가를 힌두교의 어머니로 인식하게 하고, 국가의 정신과 혼은 힌두교에 두는 것임을 부지불식간에 각인시킨다. 1979년에 설립된 인도봉사단Seva Bharati의 경우 무상 학교를 운영하고 무상 의료에 가까운 사회사업을 벌이며 빈민가에서의 세력 확장을 목표로 삼았다. 인도의례Sanskar Bharati라는 또다른 단체는 인도의 전통 예술을 보급하는데, 신인 예술가들의 작품 활동 후원도 주요 임무 중 하나다. 의용단일가의 막강한 조직력은 심지어 그들과 절대적 모순 관계인 달리뜨까지 포섭하기도 한다. '달리뜨'는 전통 힌두교에서 사람 취급을 받지 못하고 핍박당한 불가촉천민이 종교와 사회에 저항하기 위해 만든 계급적 용어다. 그래서 그들은 민족의용단이나 의용단일가와 절대 연대 관계를 형성할 수 없다. 그러나 인도의 보수 집단은 그 세를 이들에까지 뻗쳐 형제애를 나눈다. 진보 진영이 학생 운동의 목표를 직접 정치에 간여할 이념형 투사의 양성으로 삼은 반면, 보수 진영은 학생과 교수 사이의 인간적 관계 형성을 목표로 삼았다. 그들에게는 논리나 이념이 아닌 감성과 공감이 중요하기 때문이다.

의용단일가의 공통 이데올로기는 힌두뜨와로 불리는 힌두 근본주의이고, 그 위에 이슬람, 기독교, 현대 문명 등에 대한 적개심이 있다. 그들이 사회를 바꾸기 위해서라며 제기하는 이슈는 그 접근 방식이 이성적이지 않다. 그들은 이 사회가 부패 타락했으며, 이를 가져온 세력은 무슬림, 기독교인, 세속주의자, 식민주의자, 파키스탄, 다국적 자본 등이라고 지적한다. 그리고 그 피해자는 '우리 힌두'라고 간주한다. 모든 불평등을 '우리'라는 하나의 종교 카테고리 안에 집어넣음으로써 인민들을 자극하고 판단을 흐리게 한 후 자발적 참여를 이끌어낸다. 따라서 그들의 주장에는 논리적인 근거가 우선시되지 않는다. 오로지 대중의 감정에 불을 붙이고자 나열되는 천박한 말들뿐이다. 자극, 일반화, 선동이 그들의 언어이고, 테러와 학살이 그들의 행동이다.

대중은 적개심에 환호하고, 자극과 선동에 화답한다. 수구 세력이 적개심 프레임 설정에 모든 것을 다 바치는 반면, 진보 진영은 그 언어를 폄하하고 조롱하면서 담론의 유희에만 열중한다. 현실 정치에서 문제는 언어와 소통이지 논리가 아니다. 진보주의자들이 세상을 파편화시키기를 좋아하고, 구호를 통한 자기 합리화를 즐기는 반면, 수구 세력은 비록 원칙이 없다 할지라도 화합하고 통합하여 무조건적인 세 확장에 열중한다. 그들은 기존의 좌파들이 독점하고 있던 노동이나 학생 운동 분야는 물론이고 자유주의자, 녹색주의자 등이 활동하던 분야에도 뚫고 들어가 세를 확보했다. 그 과정에서 인도의 의용단일가가 목표로 삼은 것은 모든 사회 관계를 적대적으로 설정하는 것이다. 처음에 공산주의자들로부터 출발해 차츰 적대 관계를 노동자 세력, 기독교인 그리고 유대인으로 그 대상을 확대하고 모두 몰살해버린 나치의 행태와 동일하다. 그래서 그들을 살아 있는 히틀러, 나치 집단이라 부른다.

아직 이런 수준까지는 미치지 못했지만 유사한 궤적을 걷는 수구 세력이 한국에도 있다. 적어도 사회를 온통 '종북' 프레임으로 몰아가며 사회의 모든 비판 세력에 적개심을 심는 자는 수구 난동 세력에 속할 가능성이 짙다고 말할 수 있겠다. 필자는 '종북'이라는 개념을 해석의 여지에 따라 사용하는 것을 반대하지 않는다. 그 방식이 옳은지 그른지에 관계없이 누군가가 북한이 주장하는 연방제 통일 방안이나 남한에서의 미군 철수 그리고 북한의 3대 세습을 지지하면 그들을 종북주의자라고 해석할 수도 있다. 그런데 요즘 우리 사회에서 쓰이는 '종북'은 그런 의미가 아니다. 대통령이 부정 선거로 당선되었다고 비판하며 사퇴를 주장하는 가톨릭 신부도 종북이고, 일제 식민지와 박정희-전두환 독재 정권을 미화하는 교과서를 비판하는 시민운동가도 종북이며, 밀양 송전탑을 반대하는 시골 노인들도 종북이다. 정부를 비판하면 그것이 북과 아무런 관계가 없음에도 무조건 종북주의자가 된다. 인도의 의용단일가가 비판 세력을 무슬림-파키스탄과 연계시켜 모두 제거해야 할 대상으로 규정하는 것과 같은 논리다. 다만 다른 것은 인도의 수구 세력과는 달리 자부심도, 이론도, 기획도 없이 아무 데나 그 언어를 남발해 이제 종북이라는 개념이 말장난 놀잇감으로 전락하고 있다는 점이다. 또 오로지 사리사욕을 챙기고 일신의 영달을 위해 전력투구한다는 사실이다.

인도에서 수구 세력이 반反무슬림 감정을 자극하면서 사회의 모든 영역에서 성장한 것과 같은 방식으로 한국의 수구 세력은 반북反北 감정을 이용해 무서운 속도로 그 힘을 키워 가는 중이다. 어버이연합, 엄마부대, 자유북한운동연합과 같은 우익 시민 단체를 만드는 것은 물론이고, 이제는 학생 운동이나 노동계와 같이 과거 진보 진영의 고유 영역에까지 그 세력을 넓히고 있다.

그 가운데 가장 주목해야 하는 곳은 2015년 9월 출범한 전국노총이다. 그들은 노조이면서도 전혀 거리낌 없이 박근혜 정부가 밀어붙이는 노동 개악 입법을 지지한다. 노골적으로 극우 단체들과 상호 협력 양해 각서MOU를 체결한다. 심지어는 문재인 더불어민주당 전 대표에게 "북한 같으면 총살감"이라는 발언까지 한다. 이제 대학을 접수하고 노동계까지 침투했으니 세력을 뻗을 수 있는 곳은 거의 다 뻗은 셈이다. 수구 세력의 대열이 얼추 갖춰진 것 같다. 그렇다면 이제 남은 것은 '난동'뿐인가?

# 05

# 바즈랑 달의 반기독교 운동과
# 폭력

오디샤Odisha 주州는 인도 전역에서 나타나는 힌두 대 무슬림 대립 구도와 달리 힌두 대 기독교도의 대립이 문제되는 지역이다. 전체 인구의 2.1%인 무슬림보다 기독교도가 조금 더 많아(2.4%) 이 지역에서 강한 세력을 가진 힌두 수구 단체인 바즈랑 달이 기독교도들을 주 공격 대상으로 삼았기 때문이다. 하지만 이 지역에서 두 집단의 충돌이 격화된 더 근본적인 이유는 주 인구의 22.13%를 차지하는 부족민들을 힌두화하려는 바즈랑 달과 기독교를 고수하거나 전파하려는 기독교 선교사들과의 경쟁이 치열하기 때문이다.

바즈랑 달은 힌두교 극우 단체인 세계힌두협회의 청년 단체로 알려져 있다. 이 단체의 슬로건은 '봉사Seva, 보호Suraksha 그리고 문화Sanskriti'다. 구체적으로는 소 도살 반대, 종교적으로 분쟁이 있는 지역에 힌두교 사원 건설, 밸런타인데이 반대 등의 운동을 벌이는데 이는 공산주의, 무슬림, 기독교 등의 위협으로부터 힌두 정체성을 지키겠다는 명분에서 비롯된다. 이를 위해 필요한 수단은 별로 가리지 않는다. 특히 문제가 되는 것은 바즈랑 달의 행동 강령에 힌두교에서 다른 종교로의 개종을 반대하며 위협하는 활동이 포함되어 있다는 점이다. 바즈랑 달의 주 활동 대상은 기독교도들이다. 인도 기독교도의 대다수는 지정 부족민들이다. 식민지 시대부터 힌두 문화권 밖의 이질적인 집단을 기독교화하려는 식민주의자들의 시도가 있었고, 인도 독립 이후에는 부족민들이 힌두와 다른 자신들만의 정체성을 확립하려는 과정에서 기독교로의 대규모 집단 개종을 하기도 했다. 근래에도 지정부족민들을 주 선교 대상으로 삼는 기독교 선교사들과 바즈랑 달의 충돌이 빈번하게 발생하고 있다. 게다가 기독교 선교가 외국의 지원을 받고 있다는 점은 외국 문화가 힌두 문화의 순수성을 더럽힌다는 바즈랑 달의 공격 이유가 된다.

1999년에는 바즈랑 달이 오디샤 주에서 호주 선교사 가족이 탄 차에 불을 질러 선교사와 그의 어린 두 아들이 사망한 충격적인 사건이 발생했다. 사망한 호주 선교사의 부인인 글래디스 스테인스Gladis Staines는 '오디샤 주에서 23년간 한센병 환자를 돌보며 헌신적인 성녀의 사랑을 베푼' 공로를 인정받아 외국인의 신분으로는 이례적으로 인도 정부가 최고의 시민에게 주는 훈장인 '빠드마 슈리(최고의 시민이라는 의미)' 수상자로 선정되기도 했다. 이 사건 이후로도 오디샤 주에서는 힌두 대 기독교도의 충돌이 끊이지 않고 있다. 힌두 근본주의자들은 2002년에는 오디샤 주 의회 건물을 공격할 정도로 대담하게 행동하고 있다. 힌두와 기독교도들의 분쟁 과정에서 2008년에는 당시 세계힌두협회의 지도자인 스와미 락스마난다 사라스와띠Swami Laxmananda Saraswati가 오디샤 주에서 살해되는 일이 일어났다. 흥미로운 것은 세계힌두협회, 바즈랑 달 등의 단체가 힌두교도들의 타종교로의 개종 반대 운동을 전개하면서 기독교회가 힌두교도들의 기독교로의 개종을 회유 혹은 강요하고 있다고 주장한다는 점이다. 살해된 사라스와띠가 교회의 개종 강요에 반대하는 운동을 주도한 인물이었다. 그래서 힌두교 측에서는 사건의 배후가 그의 활동을 못마땅하게 여긴 기독교도들이라고 주장하며 교회, 교회 부설 보육원, 신자의 집에 불을 지르는 등 공격을 가했다.

상황이 이런데도 바즈랑 달의 폭력적인 행위가 근절되지 않는 것은 정치인들의 이해관계가 얽혀있기 때문이다. 바즈랑 달을 금지시켜야 한다는 주장이 끊이지 않아 오디샤 주 정부는 물론 중앙 정부에서도 내각 회의를 소집해서까지 이 문제를 다루었다. 하지만 실효성 있는 구체적인 조치가 취해진 적은 없다. 이것은 결국 정치 세력들이 겉으로는 폭력을 비난하면서도 힌두 보수 성향의 표를 의식하기 때문이다. 예를 들어 2006년에 자르칸드 주에서는 힌두교 단체 민족의용단이 힌두교 이외의 종교로 개종을 금지하는 법안의 제정을 인도국민당 주 정부에 요구하는 일이 있었다. 이런 어이없는 요구를 비난하는 목소리가 의사당에 가득 찼지만, 바로 그날 오후에 열린 국무회의에서는 이를 제재하는 어떤 조치도 취해지지 않았다. 인도 지배 세력이 자신들의 정치적 이익 외에는 어떤 가치도 심각하게 여기지 않는다는 것을 다시 한번 보여준 것이다. 물론 반기독교도 폭력 행위가 가장 심각한 오디샤 주에서는 바즈랑 달에 대한 비판 여론이 일자 세 번 연임한 나빈 빠뜨나익Naveen Patnaik 주지사가 힌두 보수주의자들을 비난하고 그들과 정치적 거리를 두기 시작했다. 그러나 그의 집권은 인도국민당과의 연합을 통해 힌두 보수주의자들의 표를 얻은 덕분이었다. 이제 와서 인도국민당과의 연합을 깨고 좌파 정당과 손을 잡는 정치적 기민함을 보여주었지만, 정치 상황에 따라 언제든 합종연횡의 대상은 바뀔 것이다.

또 한 가지 생각해 볼 게 있다. 지난 몇 년간 인도에서 기독교의 교세가 확장된 것은 사실이다. 최근에는 과거와 달리 중·상류층 신자도 늘어났으며, 젊은 층의 기독교 개종도 두드러진다. 2001년 인도 정부의 공식 통계에 따르면 기독교 인구는 2천400

만여 명에 불과했다. 그런데 미국 조지아에 본부를 둔 국제 선교 단체 미션 소사이어티Mission Society의 주장에 따르면 2013년 인도에는 7천100만여 명의 기독교인이 있고, 이는 나라별로 봤을 때 세계 8위에 해당한다. 즉 12년간 기독교도 수가 3배 정도 늘어난 것이다. 개신교뿐만 아니라 가톨릭의 선교 활동도 활발해서 2013년 기준으로 65개의 가톨릭 단체와 50개의 개신교 단체가 인도에서 활동하고 있다. 이런 급격한 성장 과정에서 해외에서 온 기독교 선교사들의 공격적인 선교 방식이 힌두교도들의 반감을 불러일으켰고, 기독교도의 공격에 대한 방어 혹은 반격이라는 명분을 바즈랑 달에게 주고 있는 것도 사실이다.

바즈랑 달은 "교회가 보육원이나 학교 등을 통해 선교 활동을 하고 있으며, 특히 사회적으로 소외된 하층민이나 낮은 계급에 접근해 종교를 강요하고 있다"고 주장해 왔다. 더 나아가 기독교 선교사들이 일자리를 알선해 준다며 농촌의 소녀들을 유인해 도시로 팔아넘긴다고도 주장한다. 기독교 단체를 통해 일자리를 얻는 경우는 실제로 적지 않다. 그러나 그 일자리는 대개 가사 도우미로 형편없이 낮은 임금만을 받고, 기독교 단체가 소개료를 받아 챙기는 일도 있다고 한다. 힌두 민족주의자들의 주장이라 완전히 신뢰할 수는 없지만 나름대로 증거와 증인을 제시하니 무시할 수만도 없다. 또 인도에서 가장 치안이 불안한 지역인 동북부 지역의 폭력 사태 배후에 외국 기독교 선교 단체의 개입이 있다는 의심도 사라지지 않고 있다.

이런 상황에서 2013년 7월 당시 인도 내무부 장관이 의회 답변 과정에서 외국 선교사들이 인도 내 선교 활동을 중단해야 한다고 경고했다. 그는 선교 단체는 교육, 의료, 농촌 지원 같은 구호 활동만을 해야 하며 공개적인 선교 활동을 하거나 정치에 개입해서는 안 된다고 말했다. 문제는 구호 활동이 선교 활동으로 이어지는 방식과 그 과정에 강제성이 개입하는가이다. 그러나 구호 활동과 선교 활동을 구분하는 것은 애초에 불가능하다. 선의의 구호 활동에 감명 받아 진심으로 기독교로 개종하는지 아니면 물질적 대가나 강압에 의해 마음에 없는 개종을 하는지를 어떻게 매번 가려낼 수 있겠는가?

인도에서 활동하는 기독교 선교사들은 선의와 자발적 개종을 주장하지만 다르게 볼 여지도 많다. 인도에서 선교사로 활동했던 필립 골드버그Philip Goldberg는 자신이 인도에서 직접 목격한 사건들을 전해준다. 가장 흔한 경우는 의료 선교다. 인도의 가난한 농촌에서 병으로 죽어 가는 아이를 둔 부모에게 기독교로의 개종을 조건으로 무료 치료를 제안하는 사례가 적지 않다. 돈도, 믿을만한 의료적 도움도 받을 수 없는 가난한 부모에게 개종은 선택이라기보다 의무일 것이다. 또 임시직 일자리를 준 다음 기독교로 개종하면 정규직으로 전환해 주겠다고 제안하는 경우도 많다. 고용 없는 성장 덕분에 실업 문제가 심각한 인도 농촌의 가난한 젊은이들이 이런 제안을 거절하기란 어렵다. 하지만 제안을 받아들인 사람은 그 대가로 가족 친지들과의 단절을 감수해야 한다. 위에서 언급한 청년층의 개종 증가가 일자리 문제와 관련된 것인지 확인해 볼 필요가 있다. 인도 농촌의 만성적인 물 부족을 이용한 선교 방식도 있다. 한국에서도 관심이 많은 우물 파주기를 악용한 것이다. 기독교 단체의 돈으로 뚫은 우물은 대개 교회가 관리한다. 그리고 먼 곳에서 걸어와 그 우물을 이용하려는 이들은 개종을 권유받는다. 이런 상황에서 우물만 이용하고 개종은 않겠다고 답하기가 쉬울까?

개화기 이래 한반도의 민중에게 기독교 선교사들이 심어 놓은 의식, 실은 식민 지배를 정당화하기 위해 오래전에 개발된 논리가 인도에서도 여전히 통용된다. 인도 민중의 비참한 삶은 그들이 힌두교의 우상을 숭배하고 하나님을 믿지 않은 결과라는 것이다. 즉 시련을 통해 신에게로 이끌려는 깊은 뜻이 있다는 얘기다. 제국주의 모국과 식민지의 군사적 · 물질적 격차를 문화적 · 종교적 다름과 연결시키는 이 논리는 한국인들의 사고 속에도 뿌리 깊이 남아있다. 한국의 극우 인사인 문창극 같은 이들이 바로 이런 생각을 잘 보여주고 있다. 인도 중 · 상류층의 기독교 개종은 그들이 가진 서구와의 끈과 관련이 있다. 이런 활동을 하는 선교 단체들은 미국의 기독교 근본주의자들로부터 자금 지원을 받는다. 한국 교회들도 인도에서의 선교에 적극 참여하고 있다. 그들이 어떤 방식으로 활동하는지 궁금하다.

세상 일이 단순치만은 않아서 힘센 다수 집단에 억압당하는 약한 소수 집단이 항상 선하거나 옳은 집단이 아닌 경우도 많다. 인도에서 기독교도는 종교적 소수 집단이고 힌두 중심 사회에서 많은 차별과 박해에 노출되어 있다. 또 지정 부족민들이 기독교로의 집단적 개종을 통해 힌두 사회와는 다른 자신들의 정체성을 표현하는 경우처럼 힌두 사회의 비주류 집단들을 대변하는 종교이기도 하다. 하지만 기독교가 극단적인 행동 방식으로 스스로 가해자가 되고 사회적 문제를 일으키는 경우도 나타나고 있다. 이런 사건의 배경에는 서구와 연결된 기독교계 NGO들의 영향력 확대 전략이 깔려 있기도 하다. 일부 기독교도들의 공격적 행태는 다시 힌두교도들의 극단적이고 폭력적인 대응을 낳고 보수 정치 세력은 갈등을 부추기며 정치적 이익을 챙기고 있다.

마지막으로 생각해 볼 것은 왜 하필 오디샤에서 이런 일이 많이 일어나느냐는 것이다. 오디샤의 불가촉천민, 지정 부족민들에게 가장 호소력 있는 목소리는 사실 마오주의 무장 반군인 낙살 반군이다. 2000년대 초에 오디샤 주의 30개 지역 가운데 10개 지역이 낙살 반군의 영향권 아래에 있었다. 지금은 25개 지역에서 낙살 반군이 영향력을 행사한다고 한다. 이것은 오디샤 주의 가난한 농민들(이들은 신분상으로는 불가촉천민, 지정 부족민인 경우가 많다)이 여전히 과도하게 억압적인 지주−소작의 착취 관계에서 벗어나지 못하고 있기 때문이다. 이들이 자신들의 이익을 위해 목소리를 내면 곧바로 지주들이 운영하는 무장 사병에 의해 잔인하게 탄압받는다. 이 억압받는 이들의 보호자를 자처하며 낙살 반군이 세력을 키운 것이다. 바즈랑 달이나 기독교 선교사들도 마찬가지다. 결국 가난하고 불평등한 인도, 오디샤 주의 사회적 조건이 빈틈을 만들었고 이를 노린 세 집단이 민중을 자신의 편으로 동원하기 위해 폭력적으로 경쟁하는 것이다.

정작 민중은 어떻게 생각하고 느낄까? 식민지 시대에 기독교로 개종한 집안에서 태어났지만 바즈랑 달의 권유로 힌두교로 재개종했고 이제 다시 기독교로 돌아오라는 선교사들의 회유에 시달리는 어느 농민은 이렇게 말한다. "개종을 해서 제일 나쁜 일은 우리의 정체성이 사라진다는 것이다. 우리는 어느 날은 기독교도고 다음 날은 힌두다. 이런 와중에 나 자신은 닳아 없어지고 있다."

# 06

## 인디라 간디, 아버지의 이름을 욕되게 하고 민주주의를 더럽히다

영국 식민 지배에서 독립해 근대적 국민 국가를 건설하는 데 절대적인 역할을 한 인도 초대 수상 네루가 집권 17년인 1964년 돌연 병사했다. 죽기 전 많은 사람이 네루 다음은 누구일까 궁금해했다. 네루 스스로는 자신의 딸 인디라가 대권을 잡는 시나리오에 대해 말도 안 된다고 일축했지만, 딸에게 자리를 물려주려 한다는 오해를 살만한 일이 몇 가지 있긴 했다. 독립 이전에 죽은 자기 어머니를 대신해 일찍이 퍼스트 레이디의 역할을 해온 인디라는 네루가 죽기 몇 달 전 아버지의 후광으로 집권당인 회의당 대표로 선출되었는데, 네루는 이를 만류하지 않았다. 그리고 네루

사후 치러진 선거에서 회의당은 다시 여당이 되고, 수상직은 샤스뜨리라는 원로 정치인에게 돌아갔으나 그 또한 2년도 채우지 못하고 병으로 죽는다.

또 다시 비어 버린 수상직을 차지하기 위해 많은 집권 여당 정치인들이 치열하게 경쟁했으나 합의를 보지 못하자 만만한 애송이라 여겨진 인디라를 미봉책으로 수상 자리에 앉혔다. 이 과정에서 인디라가 아버지의 후광을 적극 활용한 바는 있었으나 네루가 인디라를 일찍이 후계자로 지명하거나 그에 관한 교시 혹은 그와 유사한 어떤 행동도 하지 않았다는 사실로 볼 때 소위 '네루 왕조'라는 시각은 피상적인 해석이다. 비록 네루부터 시작해 인디라 간디 그리고 인디라 간디의 아들인 라지브 간디가 연이어 수상직에 올랐다. 그리고 라지브의 아들 라훌 간디가 2014년 당시 여당의 수상 후보로 오른 권력 세습 현상의 비판에 대해서는 이의를 달지 않지만, 엄밀히는 네루 왕조가 아니라 인디라 간디 왕조라 해야 옳을 것이다. 굳이 충실한 민주주의자 네루의 이름을 끄집어내 그를 더럽힐 이유가 없기 때문이다.

인디라 간디는 수상이 되고 나서 아버지 네루가 세운 국가 건설의 몇 가지 원칙, 특히 의회 민주주의와 이른바 사회주의적 사회라고 하는 국가 자본주의 그리고 세속주의의 가치를 국가의 기본 이념으로 확고하게 지켜 나갔다. 그런데 그 가운데 국가 자본주의에 토대를 둔 경제 분야에서부터 문제가 발생했다. 식량 위기와 외환 위기가 겹치고 이를 해결하려다 물가까지 급등해 인디라 간디와 집권 여당인 회의당은 매우 심각한 위기에 봉착한다. 1967년이 되면서 서벵갈의 낙살바리Naxalbari 지역에서 마오주의자 농민 반군이 엄청난 기세로 유혈 봉기를 했고, 서벵갈과 께랄라에서는 공산당이 인류 역사상 최초로 선거를 통해 정권을 잡았다. 인디라 간디 정부는 우선 식량 문제 해결을 위해 녹색 혁명을 시작해 이를 상당히 진전시킨다. 하지만 그 혜택이 고스란히 지주에게만 돌아가면서 농민 불만이 갈수록 고조된다. 여기에 네루가 시행했던 국가 자본주의 체제를 계승해 은행, 보험, 석탄 산업의 국유화와 외환규제법 등 사회주의적 정책을 심화시켰으나 결국 만연한 경제 위기를 극복하는 데 실패했고, 권력까지 내줄 위기에 처했다.

인디라 간디가 반민주 독재 보수 정치를 시작한 것은 이런 맥락에서였다. 그것은 1971년 총선부터 시작되었다. 인디라는 '빈곤 추방'을 선거 슬로건으로 내세웠지만 지주제 철폐나 부패 척결, 부자 탈세 방지와 같은 구체적인 방안은 마련하지 않았다. 오로지 구호만 앞세워 못 배우고 가난한 인민의 지지를 확보하는 전형적인 포퓰리즘 정책을 본격적으로 가동해 승리를 거두고, 1971년 12월에는 방글라데시 해방 전쟁에 참전해 이겼으며, 1974년에는 핵실험(암호명 '미소 짓는 붓다')에 성공했다. 긴박한 경제난은 방치하고 전쟁과 핵무기 개발을 통해 강한 국가를 천명하며 파키스탄에 대한 적대적 관계를 강화했다. 민심의 물꼬를 다른 데로 돌리는 전형적인 보수 세력의 전략을 구사해 지지 기반을 확고히 다진 것이다. 경제가 더욱 어려워지는데도 농촌과 도시의 빈민층은 국가주의와 반무슬림 전략에 파묻혀 그의 확고한 지지자가 되었다. 1973년에는 델리를 비롯한 북부 인도 전역에서 가중된 경제난과 부패의 심화로 시민 저항이 들끓기 시작했다. 그리고 1975년 6월 알라하바드Allahabad 고등법원이 인디라 간디가 지역구에서 저지른 부정 선거에 대해 의원직 박탈(즉 수상직 하야) 및 향후 6년간 피선거권 박탈을 판결하자 인디라 간디는 인도 헌정 사상 처음으로 비상사태를 선포해, 헌정이 중단됐다.

그 후 인디라 간디는 야당 정치인을 구속하고, 언론을 탄압하는 등 독재 정치로 빠져들었다. 그 와중에 차남인 산자이 간디 Sanjay Gandhi가 2인자의 위치에서 권력을 남용하며 민주주의를 침탈했다. 산자이는 도시 슬럼을 강압적으로 소개하고, 산아 제한을 명분으로 빈민 남성들을 강제 불임 수술시켰다. 그 뒤 국민들의 저항에 부딪혀 1977년 총선을 맞이하게 된다. 이 선거에서 야당 세력은 민주주의 회복을 기치로 반反인디라 간디 연합을 이뤘고 이념을 초월해 제1 야당인 국민당Janata Party으로 모였다. 그 결과 야당은 단독 과반을 차지해 일약 집권 여당의 위치에 올랐다. 더불어 인도공산당(M) — 더욱 선명한 계급주의 좌파 정당을 표방하며 인도공산당에서 분당해 만든 당이 '인도공산당(Marxist)'인데, 이를 줄여 '인도공산당(M)'이라 부른다 ―은 서벵갈에서 처음으로 공산당 집권 정부를 구성했다. 그런데 전혀 이질적인 정파 연합의 한계를 극복하지 못한 국민당은 채 2년도 집권하지 못하고 인디라 간디가 이끄는 회의당에 다시 권력을 내주게 된다. 상대방의 무능 덕분에 다시 집권하게 된 인디라 간디가 권력 유지를 위해 꺼낸 카드는 자신의 아버지이자 이 나라를 건설한 네루가 가장 심혈을 기울인 세속주의를 포기하는 것이었다. 국가 자본주의가 제대로 기능하지 못한 상황에서 의회 민주주의는 이미 포기했고 세속주의마저 버리면서 인디라 간디는 권력의 화신인 보수 정치인으로 변해 있었다.

인디라 간디의 세속주의 포기는 뻰잡에서부터 시작했다. 뻰잡은 독립과 동시에 분단이 될 때 인도와 파키스탄 사이에 자리한 시크교도가 다수를 차지하는 주였다. 네루가 연방 정부를 구성하는 주를 획정할 때 기준이 된 것이 언어였기 때문에 시크교도들만의 뻰잡을 독립 주로 만들어달라는 요구는 받아들여질 수가 없었다. 종교를 기준으로 시크교도의 뻰잡과 힌두교도의 뻰잡을 나누어 각 주로 획정하면 곳곳에서 종교를 기준으로 주를 나누자는 요구가 빗발칠 테고, 그러면 분단의 후유증 속에서 세속주의를 국가 기치로 삼은 인도공화국이 크게 불안해질 것이기 때문이었다. 그러나 종교를 기반으로 하는 주의 분리를 강하게 반대한 네루 수상이 죽고 난 뒤 1966년에 힌두 주민이 다수인 뻰잡 지역이 분리되어 하리야나Haryana 주가 되었고, 뻔잡은 시크교도 중심의 주가 되었다. 뻔잡 주의 여당인 아깔리 달은 국가 분리주의를 주창하며 원래 종교적 색채가 매우 강한 정당이었으나, 인디라 간디 정권 당시에는 그나마 세속주의로 기운 정파가 주도권을 잡은 상태였다. 온건 지도부에 반대하는 종교 개혁 지도자 빈드란왈레Bhindranwale가 이끄는 급진파 시크교 근본주의 세력이 내부에서 날로 성장하고 있었지만 당시까지 그리 심각한 상황은 아니었다는 게 중론이다.

그런데 인디라 간디는 빈드란왈레가 이끄는 종교 근본주의 세력을 암암리에 지원해 아깔리 달의 분열을 획책했다. 자신의 국정 실패에 대한 비판을 돌리려는 심산이었다. 인도는 이미 종교 때문에 파키스탄과 분단이 됐고, 그 과정에서 상상을 초월한 재난을 겪었던 터라 국민 대부분은 또 다시 종교가 다르다는 이유로 국가를 분리하자는 움직임에 큰 위기감을 느낄 수밖에 없었다. 그래서 대부분의 국민은 국가를 위기로 내모는 아깔리 달의 급진주의자를 반대했고, 그들과 결코 타협하지 않고 응징해 그어떤 일이 있더라도 하나의 국가를 지켜내겠다는 인디라 간디에게 환호했다. 대성공이었다. 그러나 근본주의 세력은 시크들의 국가인 칼리스탄의 분리 독립 주장을 더욱 거세게 밀어붙였다. 그들의 반정부 투쟁은 갈수록 심해졌다. 급기야 1982년 즈음부터는 인디라 간디 정부의 요인을 암살하는 등 테러를 자행하기 시작했다. 그러면서 사태는 인디라 간디의 처음 계획과는 달리 걷잡을 수 없이 과격하게 진전됐다. 결국 인디라 간디는 1984년 6월 3일부터 8일까지 탱크 등 중화기로 무장한 군대를 시크교도들의 은신처이자 시크교 성지인 아므리뜨사르의 황금 사원에 투입해 그들을 무력으로 진압했다. 약 300명의 무장 반군이 소탕됐고 성지는 피바다가 되었다. 그리고 그로부터 약 4개월 뒤인 1984년 10월 31일 인디라 간디는 관저를 지키던 시크교도 초병 두 사람의 연발총 난사로 암살당한다.

인디라 간디는 아버지 네루가 세운 국가 건설의 근간을 모조리 무너뜨린 정치인이었다. 우선 그는 권력 쟁취를 위해서라면 민주주의를 위배하는 그 어떤 짓도 서슴지 않았다. 그는 당에서 권력을 잡기 위해 자신과 반대편에 선 의원과 당원들을 몰아내 분당을 했다. 또 그는 가난한 농민들의 생존 투쟁을 외면하고 그들을 현혹시키기 위해 관심을 다른 데로 돌리는 데 집착했다. 민생은 제쳐두고 오로지 방글라데시 해방 전쟁에서 파키스탄에 승리한 사실만 대대적으로 알렸다. 그가 저지른 가장 치명적인 잘못은 뻰잡의 아깔리 달 세력을 약화시키기 위해 소수파를 지원해 획책한 분열이 하필 국가 건설의 근간인 종교 근본주의를 무덤에서 회생시켰다는 사실이다.

현실에서 정치란 더러운 것이고, 권력을 놓고 벌이는 지극히 현실적인 다툼이기에 그 어떤 방편도 용납될 것이다. 다만 진보와 보수 진영의 차이점이 있다면 진보는 '내 어찌 차마'라며, 보수는 '무슨 짓인들 못해'라며 정치를 한다는 것이다. 인도에선 인디라 간디의 권력욕 때문에 종교 공동체주의의 망령이 되살아났고, 그 때문에 온 나라가 학살과 테러의 반복으로 피바다가 되고 있다. 보수 진영의 금도 없는 정치를 보여주는 좋은 예다.

한국에서도 마찬가지의 일이 벌어진다. 진보나 보수나 각각 어울리는 방편을 택해 정치를 하면 된다. 그러나 그 어떤 정치를 하더라도 금도는 있어야 한다. 바로 전쟁이다. 한국 현대사에서 가장 큰 트라우마는 뭐니 뭐니 해도 한국 전쟁과 전후 시기 이데올로기에 의한 동족상쟁의 비극이다. 그러다보니 부정 선거 논란과 국정 실패 때문에 발생한 정권의 위기를 북한과 연계시키는 프레임, 즉 전쟁 위기 주장이 매우 유효하다. 그래서 수구 세력은 '전쟁 위기'를 전가의 보도처럼 써먹으려는 유혹에 잘 빠진다. 인도가 파키스탄과의 분단에서 겪은 엄청난 비극 때문에 국민이 국가주의 프레임에 쉬 빠져들듯이 한국의 경우도 마찬가지다. 박근혜 대통령의 입장에서 생각한다면, 자신의 부정 선거 문제를 희석시키고자 관심을 다른 데로 돌릴 수는 있다. 그것은 정치의 본질상 그런 비열한 행위가 허용되기 때문일 것이다. 그러나 그렇다 하더라도, 그것이 한국 정치의 판도라의 상자인 남북문제를 훼손시키는 차원이 되어서는 안 된다. 할 게 있고 해서는 안 될 게 있다. 남북문제를 야기하는 것은 또 다른 전쟁이 될 수도 있다.

인디라 간디는 그나마 아버지 네루를 따라 민족 운동도 하고 사회주의 학습도 한 사람이다. 그래서 그가 아버지의 뜻을 거역하기로 결심하기란 쉽지 않았을 것이다. 그렇지만 박근혜 대통령은 다르다. 진보는 차치하고 민주주의와 같은 보편적 가치에 대해 제대로 배워 본 적이 없다. 그 마음속에 자리 잡은 것은 오로지 '짐이 곧 국가다'일 것이다. 그렇다면 그가 궁지에 몰리면 남북 문제에 정면으로 도전하는 일, 곧 전쟁 − 설령 전면전은 아닐지라도 − 카드를 꺼내지 말라는 법은 없다. 인디라 간디나 박근혜 대통령이나 모두 어머니가 안 계신 상태에서 퍼스트레이디 역할을 했다. 위로부터 정치를 시작한 것이다. 그래서 아래로부터의 목소리를 듣지 못하고 잘 파악하지 못한다. 이런 맥락에서 두 사람 다 인민의 목소리로부터 유리되어 있다는 절대적인 약점이 있다. 인디라 간디는 권력을 잡기 위해서라면 국가가 무너지든 아버지의 유훈을 깨든 개의치 않았다. 그는 위기를 모면하기 위해 네루가 세운 국가 기틀 중 가장 중요한 세속주의를 짓밟고, 종교 공동체 간의 갈등을 사주하고 부추겼다. 그러다 결국 자신이 무덤에서 되살린 종교 근본주의 때문에 총에 맞아 죽었다. 한국 땅에서 이런 일이 일어나지 않기를 간절히 바랄 뿐이다. 건전한 보수 우익이 없는, 수구 꼴통밖에 없는 한국의 정치판이 너무나 불안해서 하는 말이다.

# 07

# 1984년 델리 학살,
# 권력을 위해 지옥문을 열다

1984년 10월 31일 오전 9시 20분, 인디라 간디 수상은 자신의 관저를 지키던 두 명의 시크교도 초병으로부터 총격을 받아 사망했다. 사망 소식이 곧 알려졌으나 델리 시내는 별 소동 없이 잠잠했다. 밤이 되면서 서서히 시크교도에 대한 공격이 일어나기 시작했지만, 난동 수준은 아니었다. 그리고 그 다음날이 되면서 사태가 급변했다. 아침 9시부터 시크교도들이 많이 거주하는 동부 델리를 시작으로 시내 곳곳에서 시크교도에 대한 학살이 시작됐다. 회의당 지지자들과 정치 깡패들은 각목, 쇠몽둥이, 칼 등으로 무장하고 '피에는 피'라는 구호 아래 눈에 띄는 시크교도들을 무차별 살상했다. 수상이 사망한 날 잠잠하던 민심이 왜 다음날 갑자기 동요하여 학살극의 난동이 벌어졌을까?

문제의 열쇠는 집권당인 회의당의 수구 세력에게 있다. 나중에 조사를 통해 밝혀진 바에 따르면, 그날 밤 회의당 간부들과 노조 간부가 모처에 모여 사태를 어떻게 끌고 갈지에 대해 구수회의를 했다. 그들이 구체적으로 작전을 모의하고 산하 조직의 행동 대원들에게 돈과 무기를 제공했다는 사실이 나중에 수사를 통해 밝혀졌다. 군이나 경찰은 아무런 제지도 하지 않았다. 학살극이 시작된 지 나흘 만에 군이 투입되면서 사태가 진정됐으나 단 사흘 동안 사망한 시크교도는 공식 집계만 2천733명이었다. 실종자로 추정되는 수까지 합하면 전국적으로 적게는 4천 명 많게는 8천 명에 달했다. 남편을 잃고 홀로 된 여성은 1천300여 명, 부모를 잃어 고아가 된 아이는 4천여 명에 달한다. 그러나 오늘날까지 이 학살극의 법적 책임을 진 사람은 아무도 없다. 30년 가까운 세월이 지났음에도 하릴 없이 재판만 진행되고, 수천 명의 목격자가 내세우는 증인이나 증거는 하나같이 묵살당한 채 세월만 흐르고 있다.

그들의 소요는 매우 유사한 형태로 일어났다. 조직적으로 시크교도에 대한 테러가 감행되었으니 30~40명부터 수백 명이 하나로 몰려다니며 체계적으로 움직였다. 그들은 각목과 쇠몽둥이로 피해자들을 폭행했고, 심지어는 석유를 끼얹어 불태워 죽이기까지 했다. 거리에서 발견한 시크교도는 현장에서 잔인하게 구타 살해하거나 태워 죽였고, 집 안에 있는 시크교도는 집을 부수고 들어가 잡아 죽이거나 집에 불을 질렀다. 자신들에게 저항하는 여성은 집단 강간하고, 반항하는 아이들도 짓이겨 죽였다. 시크교도가 운영하는 시내 곳곳의 상점은 대부분 약탈당하고 불에 탔다. 그 사이 국가는 아무 일도 하지 않았다. 경찰이 저지하지도 않았고, 군대도 투입되지 않았다. 사흘 동안 델리는 문자 그대로 아비규환이자 지옥이었다. 소요 시작 4일째인 11월 3일 치안 유지를 위해 군대가 투입되었고, 야간 통행금지가 실시되었다. 그제야 소요는 바로 진정되었다.

시크는 힌두와는 달리 상투를 틀고 그 위에 터번을 쓰며 수염을 기르기 때문에 남성의 경우 겉모습으로 쉽게 그 정체를 알아차릴 수 있었고, 그래서 피해가 더 클 수밖에 없었다. 인도에서는 10년마다 통계 조사를 실시하는데, 1981년 조사에 의하면 델리 거주 시크는 40만 명가량이었고, 학살 사건이 발생한 1984년 추정치로는 델리 인구 전체의 7.5% 정도인 약 50만 명이었다. 그들 대부분은 1947년 인도-파키스탄 분단 당시 나중에 파키스탄이 되는 인도 아대륙의 서북부 지역에서 고향을 등지고 힌두를 따라 인도로 들어온 실향민이었다. 빈손으로 들어온 델리에서 그들이 경제적으로 이룬 성장은 매우 괄목할 만했고, 그 영향력이 사회적으로나 정치적으로나 지대했다. 인디라 간디가 뻔잡 문제를 정치적으로 이용해 서서히 종교 근본주의적 정치가 일어나기 전까지 혹은 그 후에도 상당수가 회의당 정권과 가까운 성향을 보였기 때문에 회의당 정권으로서는 굳이 시크교도들을 적대할 이유가 없었다. 이때까지도 시크교도들만을 위한 독립국 칼리스탄을 세워야 한다고 주장하는 시크 테러리스트의 지지자보다 인도 내에서 하나의 주로 사는 것을 지지하는 온건파 시크들이 훨씬 많았다. 따라서 그들은 힌두와 무슬림의 관계와 같이 공동체 간의 감정이 낀 불구대천의 원수가 아니었다. 그들을 학살하는 난동을 부릴 이유가 전혀 없었다.

그렇지만 회의당 수구 세력 입장에서 그런 사실은 아무 상관이 없었다. 시크교도들이 파키스탄에 남지 않고 힌두를 따라 인도로 남하하면서 맺은 의리 따위는 전혀 고려 대상이 되지 않았다. 인디라 간디 수상이 죽었으니 그들에게 필요한 것은 다음 해로 다가온 총선에서 승리해 권력을 유지하는 데 필요한 희생양이었다. 인디라 간디 사후 추모 분위기는 자연스럽게 다음 해 총선으로 이어졌다. 죽은 인디라 간디의 초상화가 곳곳에 세워졌고, '하나의 국가'를 주장했던 그의 연설이 선거 내내 육성으로 울려 퍼졌다. 죽은 인디라 간디가 선거를 진두지휘하는 풍경이었다. 아무도 죽은 인디라 간디를 이길 수 없었다. 그의 죽음은 마치 조국을 위한 제단에 스스로 몸을 바친 예견된 일인 것처럼 꾸며졌다. 그의 죽음은 하나의 조국을 세우기 위한 희생으로, 시크는 조국을 배신한 반국가 집단으로 낙인 찍혔다. 시크라는 이유로 그들은 순식간에 국민에서 '우리' 모두의 적으로 탈바꿈했다.

현직 국회의원을 비롯한 집권당 간부들과 노조 간부들이 노골적으로 현장을 진두지휘했고, 국영 방송은 쉴 새 없이 인디라 간디 애도 방송을 내보내며 국민을 자극했다. 분위기는 점차 시크를 죽여 원수를 갚아야 한다는 쪽으로 기울었고, 이때 정치 깡패들이 조직적으로 동원되어 난동의 불에 기름을 끼얹었다. 연방 정부나 델리 시 정부나 할 것 없이 권력은 난동을 저지하기는커녕 방관을 넘어 더욱 자극했다. 분명한 국가 폭력이다. 이 거대한 학살 난동극의 시대적 배경은 이듬해 총선이고, 주인공은 집권 여당 정치인이며, 주제는 권력 쟁취다. 결국 죄 없는 시크교도들은 몰살당하고, 정치인들은 1985년 7월 총선에서 승리를 거두었다. 인도 역사상 가장 높은 득표율과 최다 의원을 배출한 압도적 승리였다.

학살극이 일단락되고 나서 정부는 이 사건을 힌두와 시크 사이에 벌어진 종교 공동체 갈등으로 규정했다. 집권 여당은 이 사건에 대해 시크교도들이 많이 사는 뻔잡 주에서 일부 시크 테러리스트들이 힌두를 공격해 시크들에 대한 반감이 커져 있었는데, 인디라 간디 수상이 살해당하자 그 감정이 폭발한 것이라고 주장했다. 그나마 공권력이 신속히 대처해 사태가 단 4일 만에 종료될 수 있었다는 것이다.

인도에서나 한국에서나 수구 세력이 사용하는 언어는 항상 비슷하다. '우발적 사건'과 '공권력의 신속한 대처 덕분'은 어떤 난동에도 통하는 언어다. 자신들이 저지른 만행에도 그 언어는 전혀 변하지 않는다. 너무나도 뻔뻔하고 가증스러운 그 언어는 지지자로 하여금 든든함을 느끼게 한다. 거대한 심리적 기제다. 그들이 사용하는 언어는 단순한 소통이 아니라 '우리'를 결집하는 무기이자 '남'을 섬멸하는 작전의 신호탄이다. 그런 전략이 가장 잘 드러나는 사례가 선거용 멘트다. 인디라 간디는 뻔잡 근본주의자들을 사주해 세력을 키우고 테러와 분열의 씨를 손수 뿌렸음에도 이렇게 말했다. "Don't shed blood, shed hatred!" 우리가 떨어뜨려야 할 것은 피가 아니라 미움입니다!

한국에서 공약을 파기하고 거짓말만 일삼으며 원칙이라고는 지킨 적이 없는 대통령이 '원칙을 지키는 나라'를 되뇌는 것이나, 학자적 양심을 팽개치고 수천 명의 노동자를 직위 해제한 코레일 전 사장이 '자식을 혼내는 어미의 심정'을 운운한 것이나, 부정 선거 수사를 방해하는 전 서울경찰청장이 '제가 철면피한 역사의 죄인이냐'고 묻는 것 따위가 바로 이 무기가 된 언어의 좋은 예다. 죽기 전 가리브 하따오(가난 추방)를 외쳤지만 결국 가리비 하따오 Garibi Hatao(가난한 자 추방)를 야기한 인디라 간디나 경제 성장을 외치면서 자본 탐욕만 성장시키는 정책을 펴는 박근혜 대통령이 비슷한 이유는 그들의 행위가 동서를 막론하고 항상 같은 구조 아래서 이뤄지기 때문일 것이다. 그들 보수는 언어에 능수능란하고, 사람들은 현란한 레토릭에 쉽게 넘어간다.

인류학자 굽타D. Gupta는 집단 폭력에 참여하는 폭도들은 국가가 자신을 지지하고 있다고 확신할 때 행동한다고 주장한다. 국가 운영의 주체가 바뀌지 않을 것이라는, 즉 정권 교체가 결코 일어나지 않는다는 확신이 설 때 난동에 적극 참여하는 법이다. 이런 점에서 1984년 델리에서 벌어진 시크 대학살이라는 난동은 폭도들에게 자신감을 심어줄 치밀한 각본이 있었고, 세가 불어남을 직접 목격하면서 더 커진 난동이다. 정부가 아무 짓도 하지 않고, 국가가 그 어디에도 존재하지 않았다는 사실은 그들에게 주어진 난동 허가증인 셈이다. 자신의 난동을 마음껏 허용해 주는 그 구조 안에서 그들은 잔혹함의 카타르시스를 맛보게 된다. 세상에서 가장 재미있는 경기는 내가 죽지 않는 전쟁이라는 말도 있듯 그 폭력은 쉽게 맛볼 수 없는 매력 만점의 스릴이다. 그들은 그 엄청난 매력을 쉽게 잊을 수 없다. 그래서 그들은 항상 기다리는 중이다. 지금의 인도가 또 다른 학살과 테러를 잉태하고 있는 것으로 평가되는 이유이기도 하다.

대중은 이성에 따라 행동하지 않는다. 본능에 따라 행동할 뿐이다. 그들의 행동을 결정하는 것은 종교적 열정인데, 종교라는 것이 궁극적으로 무엇을 의미하는지, 무엇을 추구해야 하는지에 대해 듣거나 생각할 기회가 없었다. 그래서 종교 공동체주의의 요구가 각각의 종교 공동체 안에 자리 잡은 소수의 보수 반동적 상층 계급의 요구라는 것이 분명히 드러나도 그리고 수구 정치 세력이 음모와 야욕을 드러내도 자신들의 행동을 고치기 어렵다. 문제는 옳고 그름이나 이성적 판단이 아니다. 부를 갖고, 정치권력을 갖고, 세를 가진 자들이 뒤를 봐주는 상황에서 이성적으로 행동하는 것이 매우 위험하다는 사실을 본능적으로 알아차리는 것이다. 세상은 살벌한 정글이며, 사각의 링이라는 것을 삶의 궤적을 통해 배운다. 그런 현실적인 사람들에게 꿈과 이상만을 이야기하는 진보 세력은 틀림없이 무능하다. 이상은 꿈일 뿐이고, 적과 아군 그리고 커가는 적개심은 현실이다.

　이는 인도의 역사에만 해당되는 것은 아니다. 지나간 한국에 있었고, 앞으로도 있을 가능성이 크다. 해방 공간에서 제주를 비롯한 여러 곳에서 벌어진 양민 학살이나 5.18 광주 학살은 권력이 바뀔 가능성이 조금이라도 보였으면 일어나지 않았을 일이다. 미국이라는 탄탄한 배경은 난동의 기획자에게 자신감을 주었고, 그 자신감은 군인과 경찰에게 고스란히 전달됐다. 세상은 바뀌지 않고 권력은 영원하니 알아서 행동하라는 메시지보다 힘 있는 것이 어디 있겠는가? 이것은 오늘날에도 변함없다. 가스통 노인들은 그런 역사에 항상 적극적으로 참여하는 사람들이었다. 그들은 한국에서 권력이 절대 바뀌지 않는다는 진리를 서북청년단 시절부터 지금까지 두 눈을 뜨고 지켜보았다. 그들, 수구 난동 세력들을 약화시키는 방법은 하나밖에 없다. 권력이 바뀐다는 사실, 그 사실만 보여주면 된다. 그러면 적어도 국가 폭력은 미리 예방할 수 있다. 그렇지 않으면 우리는 또 다른 5.18을 맞이할지도 모른다.

1984년 델리에서 벌어진 시크교도 학살극은 선거를 앞둔 집권 여당과 정부가 꾸민 국가 폭력이다. 국민이 죽어가는 동안 국가는 아무 것도 하지 않았다. 스스로 '가만히 있으라'는 말을 지켰다. 2014년 4월 16일 한국에서 벌어진 세월호 참사도 이와 다르지 않다. 300여 명이 죽어간 그 자리에 국가는 없었다. "국가가 국민을 보호하지 못한다면 그것은 국가가 아니다"는 대한민국 대통령 박근혜가 한 말이다. 인도와 한국에서 국민을 학살하는 수구 세력의 언어는 항상 똑같다.

# 08

# 왕조를 낳은 사람들,
# 종교 공동체 폭력을 잉태하다

인디라 간디가 암살당한 후 1984년 12월 총선에서 회의당(I)
(1967년 회의당의 분당 이후 인디라 간디를 중심으로 만든 정당에 '인디라'
의 "I"를 덧붙여 부르는 이름)는 전체 하원 의석수의 80퍼센트를 휩
쓸었다. 델리에서 시크교도 3천여 명을 학살하며 적대적 감정을
몰고 간 덕이었다. 국민들은 집권 여당이 조장한 광분과 난동 속
에서 선거를 치렀고 정치적으로 아무런 경험이 없는, 오로지 인
디라 간디의 아들이자 네루의 외손자라는 출생 배경만 가지고 있
던 라지브 간디Rajiv Gandhi에게 인도 선거 역사상 가장 많은 표를
몰아주었다. 인디라 간디가 암살당한 날 대통령의 요청에 따라

회의당 당원으로서 임시로 수상직을 이어받은 라지브 간디는 대통령에게 의회 해산과 새 총선거 실시를 요구했다. 이어진 총선에서 인도 역사상 가장 큰 압승을 거둔 라지브 간디는 1984년 12월 31일 5년 임기의 내각 수상직에 올랐다. 수상 라지브 간디는 자신의 어머니가 조장한 일이자 부메랑이 된 뻔잡 문제를 맨 먼저 해결하려 했다. 자신은 어머니를 잃었고, 시크교도들은 성지를 유린당하고 수천 명의 동포를 학살로 잃은 상황이었다.

그는 뻔잡에 기반을 둔 분리주의 정당 아깔리 달과 평화 협정을 맺으려 했으나 실패했고, 급진주의자들의 국가 분리 운동은 계속되었다. 그러던 중 정권이 스웨덴의 무기 제조 회사인 보포르Bofor사로부터 뇌물을 받은 사건이 터지고, 결국 그 여파로 1989년 신생 사회주의 계열 정당인 자나따 달Janna Dal을 중심으로 형성된 연합 세력인 민족전선에 정권을 넘겨주게 된다. 라지브 정권의 재무장관을 사임하고 야당의 길을 택한 싱V. P. Singh의 정권은 인도 역사상 두 번째의 비非회의당 정부였다. 그렇지만 싱 정권은 공산당 및 우익 수구 세력인 인도국민당과 불안정한 연립을 통해 세운 것이어서 세력 구조가 매우 취약했다. 이내 정파 싸움을 극복하지 못하고 연립 정부가 무너졌고 다시 치러진 1991년 선거에서 패배해 사라지고 만다. 그때 야당의 입장에서 선거를 지휘하던 라지브 간디는 남쪽 첸나이 근처에서 재임 중 스리랑카에 평화 유지군을 파견한 것이 타밀 반군의 앙심을 사 그 보복인 자살 폭탄 테러로 암살당한다. 그러면서 '네루 왕조'에 의존해 40여 년 동안 집권 여당으로서 실질적인 일당 지배를 해 온 회의당의 영향력은 급격하게 떨어졌다.

이후 10여 년 동안 회의당이 눈에 띄게 몰락하면서 강력한 야당으로 등장한 힌두 근본주의 보수 정당인 인도국민당과 수구 난동 세력 민족의용단과 의용단일가의 연합 세력이 전 국토를 난장판으로 만들었다. 그러다가 2004년 선거에서 라지브 간디의 부인인 소냐 간디Sonia Gandhi가 회의당을 다시 집권 여당으로 올려놓는 데 성공했다. 소냐 간디는 이탈리아 태생이라는 이유로 당시 여당인 인도국민당의 심한 공격을 받았다. 수구 난동 세력들은 '인도를 또 다시 유럽의 식민지로 만들려 한다'고 주장하며 소냐 간디의 혈통을 물고 늘어졌다. 이들이 소냐 간디의 출생지 문제를 선거 쟁점으로 만들었지만, 승리를 거두지는 못했다. 정권은 야당이던 회의당이 되찾아갔다. 야당이 승리하게 된 것은 소냐 간디에 대한 '유럽 식민지' 논쟁을 라지브 간디의 아들이자 인디라 간디의 손자인 라훌 간디가 차단했기 때문이었다. 라훌 간디는 아버지가 암살된 후 암살 협박에 홈스쿨을 통해 공부하면서 일체 외부에 모습을 드러내지 않다가 2004년 선거에 혜성같이 등장했다. 그러자 유권자의 관심은 오로지 네루의 외증손자이자 인디라 간디의 손자인 라훌에게만 쏠렸다. 라훌 간디는 아버지 라지브가 암살당했을 때 스물한 살의 앳된 청년이었으나 정계에 입문한 2004년에는 어엿한 30대 중반으로, 네루 가문을 이을 재목으로 보이기에 충분했다. 그는 아버지와 어머니의 지역구인 웃따르 쁘라데시Uttar Pradesh 주의 아메티Amethi 선거구에서 국회의원으로 당선되었다. 어머니인 소냐 간디는 지역구를 아들에게 넘겨주고, 자신은 라훌의 할머니이자 자신의 시어머니인 인디라 간디의 생전 지역구인 라이바렐리Raebareli로 옮겨 동반 당선되었다. 2004년 총선에서 승리한 회의당은 '이탈리아의 식민지가 된다'고 계속 물고 늘어지는 극우 세력이 극우 민족주의를 부추길 가능성을 우려해 수상직에 오르지는 않았다. 하지만 여전히 네루 가문이 정치적 자산 위에서 정치인 입지를 탄탄히 누리고 있는 것만은 사실이다. 결국 혈통 정치는 라지브와 소냐 간디의 아들 라훌 간디로 자연스럽게 이어진다. 오로지 가문과 혈통으로 지역구를 좌지우지하는 보수 정치인과 그 거물급 인사를 통해 일신의 영달을 꾀하려는 얄팍한 민심이 들어맞은 영원한 제국의 역사다.

2004년 총선 당시 회의당(I)는 아메티가 속한 웃따르 쁘라데시 주 의회 80석 가운데 10석밖에 확보하지 못한 참담한 상황이었다. 라훌은 혜성같이 정계에 등장해 돌풍을 일으켰는데, 특히 젊은 층이 그에게 열광했다. 전형적인 이미지 선거였다. 그는 할머니 인디라 간디의 죽음을 활용해 당시 집권당인 인도국민당이 국가 분열을 조장하는 세력이라 비난하고, 모든 종교와 카스트를 통합하는 나라를 만들겠다고 공언했다. 특히 무슬림 테러를 부추기는 외부 세력(파키스탄)이 있다고 비판했으나 여당인 인도국민당의 지지 기반인 힌두 근본주의의 난동에 대해서는 특별히 언급하지 않았다. 그는 주로 어머니와 여동생에게 지역구 선거 운동을 맡기고 자신은 전국을 다녔다. 인디라 간디와 라지브 간디를 그리워하는 국민이 그에게 환호했고, 그 결과 인도국민당에 빼앗긴 정권을 약 10년 만에 되찾게 되었다. 하지만 자신의 지역구가 속한 주에서는 인도국민당과 수구 난동 세력이 뿌려놓은 아요디야Ayodhya를 중심으로 종교 공동체 간 충돌이 여전해 기대 이상의 성과를 거두지는 못했다. 하지만 2009년 주 의회 선거에서는 주 의회의 25%를 차지하며 선전했다.

아요디야 모스크를 파괴하고 종교 공동체주의에 불을 붙인 후 10년 동안 집권한 인도국민당과 그 연대 세력들은 2004년 선거를 이끈 라훌 간디를 신랄하게 비판했지만, 워낙 혈통 중심의 세계관이 강한 인도인들에게 그리 먹히지는 않았다. 당시 라훌 간디는 상대적으로 젊은 나이였던지라 젊은 층의 기대에 대한 응답과 개혁의 레토릭에 열중하는 편이었다. 라훌 간디가 2013년에는 시민감시법안Citizen's Ombudsman Bill 도입을 주장하곤 했지만, 구체적이고 실효성 있는 방안을 내놓은 것은 아니었다. 그것은 단지 2009년 이후 부패 문제가 본격적으로 이슈화되면서 시민운동가 안나 하자레Anna Hazare가 이끄는 부패 척결 운동이 전국적으로 퍼지는 상황에 대응해 나온 임시방편이었을 뿐이다. 라훌 간디는 뚜렷한 비전도 없이 그저 상대적으로 젊고 청렴한 이미지의 정치인으로 자리매김할 뿐이었다. 젊음을 무기로 청렴한 이미지를 만들었던 그의 아버지가 결국 비리로 정권을 내주었다는 사실을 국민이 망각했기 때문에 보수 정치인들이 이미지 정치를 다시 꺼내 든 것이다. 급기야 라훌 간디는 2013년에 회의당(I)의 부총재로 선출되어 당의 청년 조직과 대학생 조직을 이끌었다. 그리고 2014년 봄 인도 총선에서 회의당의 수상 후보로 선거를 이끌었으나 대패했다. 이탈리아 태생 어머니를 두고 있다지만, 인도에서 태어났고 민족주의의 상징인 힌디를 모어로 구사하는 전형적인 힌두 인도인이라 그는 완벽한 네루 혈통의 후예인 셈이다. 결국 혈통에 기반을 둔 '네루 왕조'는 여전히 살아 있는 인도 정치의 진행형이다. 하지만 '네루 왕조'의 힘은 예전 같지 않다. 지금은 오로지 돈, 돈, 돈. 경제 성장만을 내세우는 인도국민당의 시대이고, 이는 당분간 변하지 않을 것으로 보인다.

앞으로 라훌 간디로 이어지는 4대 세습이 과연 성공을 거둘지는 미지수다. 그것은 크게 두 가지 이유에서다. 라훌 간디의 아우라는 그의 아버지나 할머니의 그것과는 달리 그렇게까지 성스럽지는 않다. 그의 아버지인 라지브 때는 시크교도에 대한 복수라는 블랙홀로 빠져 모든 이슈가 사라진 정국에서 인디라가 산 라지브를 대신해 치른 선거라 압승을 거둘 수 있었다. 할머니 인디라 때는 인도를 독립으로 이끌고 분단의 과정에서 국민 국가의 통합을 내세운 네루의 후광에서 국민들이 벗어나지 못했고 회의당(I)의 조직력을 감당할 만한 야당이 존재하지 않았다.

그런데 지금은 상황이 다르다. 라훌은 비단 야당뿐만 아니라 많은 지식인으로부터 야유와 조롱을 받는다. 인도라는 나라에서 과거에는 있을 수 없던 풍자와 패러디가 봇물처럼 쏟아진다. 그가 하버드 경영대학원 1년을 제대로 다녔는지, 영국의 캠브리지 트리니티 컬리지의 준박사M.Phil를 제대로 마쳤는지 등에 대한 시비가 끊이지 않고 있다. 그렇지만 그에게 가장 큰 위협은 나렌드라 모디Narendra Modi가 구자라뜨 주지사로 거둔 경제 발전에 이어 연방 정부의 수상으로서 거둘 경제 발전의 성과다. 모디는 2002년 구자라뜨 학살을 실질적으로 자극하고 진두지휘한 정치인이다. 그래서 일각에서는 도살자라 불린다. 전형적인 수구 난동 세력이다. 그러나 신자유주의 경제 정책을 적극 받아들였고, 자신이 주지사로 있는 구자라뜨 주의 경제를 눈부시게 발전시켰다는 평가를 받고 있다. 다수의 인도인들은 경제 정의나 사회 정의 혹은 빈부 격차 등을 생각할 겨를이 없다. 사람들은 그가 도살자든 학살자든 개의치 않는다. 필요한 것은 오로지 빵이다. 4대 세습이냐, 학살자냐? 인도인들의 선택에 귀추가 주목되었지만, 결과는 싱겁게 '빵'으로 돌아갔다. 인도인들은 수구 난동 세력이든 도살자든 상관하지 않고, 국가 경제를 발전시킬 인물을 수상으로 골랐다.

혈통에 의존하는 투표 행위는 아시아 각 나라가 식민 지배를 받은 후 근대적 의미의 시민 사회를 이루지 못해 나타난 결과다. 노동자, 농민, 자본가 혹은 프롤레타리아와 부르주아 등 비본질적이고 생득적이지 않은 여러 집단을 중심으로 사회화가 이루어지지 못해서 그런 현상이 발생한 것이다. 그 빈자리를 언어, 지역, 종교, 반공, 혈통 등이 차지했다. 그리고 대체로 그것들은 국가주의를 기반으로 지탱되었다. 1970년대 한국의 박정희, 북한의 김일성, 필리핀의 마르코스와 같은 독재자들은 국가주의를 최대한 활용하면서 강력한 카리스마를 쌓았다. 그 안에서 한국은 국가주의와 혈통 그리고 지역주의를 묶은 봉건 체제를 한국식 민주주의라는 이름으로 주조해 활용했다.

하지만 그 못지않은 또 하나의 신화가 있다. 1990년대부터 아시아 각국에 불어닥친 신자유주의의 광풍이다. 아시아 각 나라들은 다양한 경제 위기를 극복해 가는 과정에서 경제 제일주의의 무한 경쟁을 해법으로 택했고, 그 과정에서 어렵게 성취한 민주주의의 후퇴를 묵인하고 있다. 사실 이런 상황은 한국 사회에서도 낯설지 않다. 2008년 대선에서 한국인들은 '경제를 살리겠다'는 이명박을 선택했다. 그에게 전과 14범 의혹이 있든 사기 혐의를 받고 있든 신경 쓰지 않았다. 또한 이명박의 실정에도 불구하고 한국인들은 2012년 대선에서 정권 교체가 아닌 '인물 교체'

로 만족했다. 야권은 박근혜 당시 후보를 '독재자의 딸'이라는 프레임에 가두려 했지만 그럴수록 유권자들은 '경제 개발의 위대한 영도자 박정희'를 떠올렸고, 그 아우라에 힘입어 박근혜 대통령이 당선됐다.

## 09

# 재벌은 어떻게 인도를
# 지배하게 되었나?

해외 토픽으로 심심찮게 등장하는 것이 인도 재벌에 관한 이야기다. 2013년 10월에는 프랑스 칸에서 어느 인도 재벌이 수백억 유로의 비용을 들여 초호화 결혼식을 연다는 기사가 났다. 결혼식의 주인공은 인도의 한 재벌 2세이며, 칸 해변과 주변 지역 궁전에서 동시에 진행되는 전례 없는 초호화 결혼식이다. 영국 일간 〈데일리메일〉은 두바이에서 석유 화학 유통 사업으로 재벌이 된 인도인 요게시 메흐따의 외동 아들이 이탈리아 플로렌스 최고급 호텔에서 3일에 걸쳐 초호화 결혼식을 올렸다고 보도했다. 결혼식에 든 돈은 한화로 약 245억 원이라고 한다.

그런데도 인도 사람들은 별 관심을 갖지 않는다. 세계에서 가장 비싼 저택 또한 인도 재벌의 것이다. 뭄바이에 있는 릴라이언스Reliance 그룹 회장의 집인 안틸라는 27층 규모에 가격이 10억 달러로 추산되며, 다른 사람에게 분양이나 임대 따위를 하지 않는 순수한 개인 저택이다.

삼성 이 씨들이 들으면 인도에서 태어나지 못한 것을 안타까워할 만한 이야기가 있다. 인도의 세법에는 상속세와 증여세 항목이 아예 없다. 그래서 재벌들이 식민지 시대부터 3대 혹은 4대씩 거대한 기업군을 통째로 물려주어도 한 푼의 상속세도 내지 않았다. 상상을 초월하는 사치로 해외 토픽에 단골 출연하며 인도 최고 재벌 중 한 명인 릴라이언스 그룹 회장 무케시 암바니Mukesh Dhirubhai Ambani가 그의 아내에게 생일 선물로 5천2백만 달러짜리 전용 비행기를 사주었지만 증여세 한 푼 내지 않았고, 호화로운 그의 개인 저택을 자식에게 물려주더라도 상속세를 내지 않아도 된다. 1955~1985년 기간에는 인도에도 상속세가 있었지만 경제 자유화 조치로 폐지되었고, 심각한 재정 적자를 메우기 위한 부활 시도가 있었으나 기득권 세력의 강한 저항으로 아직도 제자리걸음이다. 이에 비하면 불법·편법 상속으로 경영권을 대물림하느라 창업자 이병철이 한국 최고의 세법 전문가일 것이라는 농담이 나돌게 한 삼성은 준법정신이 투철하고 검소한 셈이다.

현재 인도의 재벌들은 인도의 정치와 경제를 지배하는 최고의 지배자들이다. 공식 용어로 '코포레이트 그룹Corporate Group' 혹은 '모노폴리 하우스Monopoly House'라 불리며 '친족에 의한 지배', '다각화', '대규모(과점)' 등을 특징으로 하는 이 기업들은 인도 주식 시장 '센섹스 지수Sensex Index'를 구성하는 30개 기업 가운데 60%를 차지한다. 나머지는 국영 기업이나 신생 IT 기업들이다. 1천억 루피 이상의 자산을 보유한 재벌가의 수는 22개에 이르는데, 기업 소유 자산이 아닌 '개인(가족) 자산'이 그 정도니 그들의 부를 짐작할 수 있을 것이다. 게다가 인도 부유층의 자산 성장률은 세계에서 가장 빠른 속도로 증가하고 있다. 또 세계 최고의 부패 국가 인도에서 정경 유착이 없으리라 생각하는 이는 없을 것이다. 인도 재벌들의 정치와 국가 운영에 대한 영향력은 식민지 시대에 만들어진 국민회의의 출발 시부터 지금까지 어느 정도의 부침은 있었지만 흔들리지 않고 있다. 그것도 단순한 정경 유착이 아닌 정경 일체화라 불릴 정도로 큰 영향력을 행사해 왔다.

인도 재벌은 크게 두 집단으로 나뉜다. 식민지 시대부터 상인 가문에서 출발해 대를 이어 내려온 재벌들과 신자유주의 시대 이후에 부상한 신흥 재벌이다. 하지만 규모와 영향력 면에서는 전통 재벌이 아직 좀 더 우위에 있다. 전통 재벌의 두 강자인 따따Tata 재벌과 비를라Birla 재벌은 반세기 이상 인도에서 가장 큰 재벌 집단이었다. 현재는 따따와 릴라이언스가 '새로운 2강'을 형성하고 있다. 나머지 중견 재벌들은 부침을 거듭하며 등장했다 사라지고 있다.

따따와 비를라로 대표되는 전통 인도 재벌의 기원은 봄베이Bombay(지금의 뭄바이Mumbai)와 꼴까따Kolkata 두 도시에서 나타난 상인 공동체다. 봄베이를 중심으로 활동한 페르시아계 상인들의 공동체 '파르시Parsi'가 있고, 꼴까따를 중심으로 활동한 상인집단으로는 '마르와리Marwari'가 있다. 이들이 급격하게 부를 축적할 수 있었던 것은 1820년경 영국·중국·인도의 삼각 무역 체제가 완성되었기 때문이다. 잘 알려진 것처럼 중국과의 차 무역으로 인한 적자를 메우기 위해 영국은 인도에서 재배한 면화와 아편을 중국으로 수출했다. 이것이 서구의 중국 침략 신호탄이 된 아편전쟁의 원인이다. 중국으로의 아편 수출에 참여한 인도 상인들은 큰돈을 벌게 되는데, 가장 먼저 아편 거래에 참여한 상인들이 파르시고, 그중 가장 두각을 나타낸 가문이 바로 따따 가문이다. 즉 따따 재벌의 최초의 자본 축적은 식민주의에 근거한 아편 무역을 통한 것이었다. 이때 모은 돈을 바탕으로 인도 경제가 영국 경제에 금융적으로 편입되기 시작한 1850년대, 즉 '인도의 산업 혁명' 시기에 따따 가문은 방적업에 진출했다. 그리고 방적업 투자 열풍과 그에 따른 거품 경제가 만들어낸 부동산값 폭등을 잘 이용한 따따 가문은 부동산 투자로도 엄청난 돈을 벌어들였다. 이제 단순한 상인 가문이 아니라 진정한 자본가가 된 것이다.

19세기 말에 따따를 비롯한 자본가 계급이 정치적 권력에도 접근할 수 있는 기회가 열렸다. 당시 영국에서는 선거권 확대와 함께 민주주의가 발전하면서 식민지 정책에 대한 비판의 목소리가 커지는 상황이었다. 인도의 식민지 정부는 '인도인 지식층을 회유해 불만을 제거하는 장치'가 필요하다고 판단했다. 그 장치가 바로 1885년 만들어진 인도국민회의Indian National Congress였고, 그해 12월에 제1차 인도국민회의 대회가 봄베이에서 개최되었다. 그 무렵 따따 가문은 방적업을 통해 번 돈을 부동산에 투자해 봄베이 최대의 부동산 갑부가 되어 있었다. 따따 가문은 이 부를 이용해 인도국민회의에 자금을 제공했다. 그렇다고 해서 따따 가문이 민족주의에 투철한 애국적 민족 자본가인 것은 아니다. 그들이 영국 정부에 헌납한 돈은 간디의 독립운동에 지원한 액수보다 훨씬 많았다. 그 대가로 따따 가문의 수장 라탄 따따는 1916년 영국에서 작위를 얻었고, 영국에 주로 거주하다 1918년 사망해서도 영국에 묻혔다.

또 다른 재벌 비를라는 마르와리 출신이다. 흥미롭게도 비를라 가문은 처음에는 인도국민회의의 강경파들에게 자금을 지원했다. 아마도 따따와의 차별화를 노렸을 것이다. 비를라 재벌의 제3대 회장 간샴 다스 비를라Ghanshyam Das Birla(현재의 회장 꾸마르 망갈람 비를라의 증조부, 1894~1983)와 마르와리의 젊은 상인들 일부는 인도국민회의 내 강경파였던 띨락B.G.Tilak을 지원했다. 하지만 경찰의 체포 위협을 겪고 나서 곧바로 온건파 간디를 지원한다. 1924년부터 간디와 많은 서신을 교환하고 그가 필요한 거의 모든 자금을 제공한 이후로 비를라는 간디의 후원자이자 비서로 알려진다. 간디의 소박해 보이는 생활과 대중을 도덕으로만 감화시켰을 것 같은 활동은 실은 상당한 비용이 드는 것이었다. 현실 정치에서 이런 경제적 힘 없이 영향력을 갖기란 불가능했을 것이다. 문제는 간디가 그 후원금으로 인해 어떤 영향을 받았는가이다. 간디 스스로는 "재벌의 생각에 거의 영향을 받지 않는다. 우리 정당이 재벌 후원자에게 의존한다는 점 자체는 불행한 일이지만, 그 사실이 우리의 정책을 저해하는 것은 아니다"라고 답했다. 간디는 진실을 말했을 수 있다. 하지만 간디 이후 인도국민회의는 재벌의 정치 후원금으로부터 결코 자유롭지 못했다. 인도에서 간디의 문명 비판 정신과 자본주의가 하나로 합쳐진 '간디주의 자본가Gandhian Capitalist'라는 말이 있다. 얼핏 기묘해 보이는 이 둘의 결합이 실은 간디주의로 위장한 자본가들이었음은 그 이후의 역사가 보여준다.

인도 재벌이 비약적으로 성장한 계기는 두 번의 세계대전이었다. 1914년 전쟁으로 철강 수입이 막히자 따따제철은 인도 식민지 정부에서 필요로 하는 철강을 독점 공급했다. 은 투기를 통해 막대한 부를 얻은 비를라 가문도 제1차 세계대전 기간에 자산이 4배로 팽창했다. 이를 통해 두 재벌은 상인에서 산업 자본가, 즉 현대적 의미의 자본가로 전환했다. 제2차 세계대전에서도 전시 특수를 톡톡히 누렸고, 특히 간디가 주도한 "인도를 떠나라Quit India" 운동 이후 인도에서 철수하는 영국 자본을 인수해 몸집을 불렸다. 한국의 초기 재벌들이 적산 불하를 통해 탄생한 것과도 비교해 볼 만한 경우다.

1947년 독립한 인도는 국가 주도의 계획 경제와 시장 경제의 혼합 체제를 표방했다. 그런데 국가 주도의 계획 경제에 대해 자유주의자들이 진보적이건 급진적이건 공통적으로 유포시킨 오해가 있다. 이 오해는 상당히 널리 퍼져 대중적 상식이 되었다. 첫 번째는 국가 주도의 계획 경제는 사적 자본의 자유와 이익을 침해한다는 것이다. 인도의 사례는 그 반대가 진실임을 보여준다. 한국의 재벌도 국가의 강력한 비호 없이는 성장할 수 없었을 것이다. 인도에서 대자본가들은 스스로 계획 경제의 필요성을 역설했고(대공황의 여파와 당시 소련의 높은 경제 성장률은 네루는 물론 인도 자본가들에게 큰 감명을 주었다), 계획의 입안자이자 집행자로 직접 참여했으며 결국 최대 수혜자가 되었다. 또 인도에서는 국영화를 통해 기존의 민간 기업을 국가가 인수하는 방식을 취하지 않았다. "새로운 기업의 창설에 의한 국영 부문 설치"라는 방침에 따라 새로운 기업을 만들었고, 오히려 기존 재벌들과 협력 관계를 맺게 되었다. 두 번째 오해는 국가 주도 계획 경제는 필연적으로 부패와 비효율을 초래한다는 것이다. 인도에서 재벌과 국가의 관계는 대자본의 이윤 추구 특히 지대 추구 행위가 부패의 가장 큰 원인임을 잘 보여준다. 국가와 관료제는 그 자체로 부패한 것이 아니라 사적 이익 추구에 연루됨으로써 부패한다. 중요한 것은 계획의 입안과 실행의 장치를 누가 통제하고 누구의 이익을 위해 사용하는가이다. 인도에서 계획과 국가 자체를 부패, 비효율, 권위주의와 동일시하며 비판했던 논리는 결국 신자유주의의 전면화를 정당화했다. 한국의 급진 자유주의자들이 했던 역할도 마찬가지다. 두 집단 모두 자본 특히 금융 자본이 후원한 제도, 대중매체를 통해 목소리를 유포시켰다는 점도 똑 닮아 있다.

신자유주의 경제 정책이 본격적으로 시작된 1990년대 이후 인도의 재벌은 국가 발전을 이끄는 견인차로서 정당성을 인정받았다. 국가 발전은 개혁, 자유화, 유연화, 민영화 등 얼핏 들으면 민주화와 동일한 의미로 오해받을 수 있는 어휘들이 뒷받침했다. 이제 시장은 사람들이 일상 용품을 사고파는 곳이 아니라 기업들이 거래하는 곳이다. 그리고 그 거래는 손에 쥐는 상품이 아닌 주식이나 선물先物과 같이 보이지 않는 상품을 사고파는 행위가 되었고 그 주도적 역할을 재벌이 한다. 미래의 청사진은 재벌들의 머리에서 나왔고, 국가적 차원에서 진행되었으며, 그것을 거스르는 자들은 사회 자체적으로 제거되게 만들었다. 사회 정의와 경제 민주화는 가난한 사람을 위한다는 명분을 내걸었지만 정작 모든 이득은 재벌들 배로만 들어갔다. 그 사이 생태계는 파괴되고, 자살하는 사람들이 급증하고, 집이나 삶의 터전을 잃은 사람 또한 측정하기 어려울 정도로 많아졌다. 가난한 사람들을 죽이고, 빼앗고, 쫓아내기 위해 법이 만들어지고, 군대와 경찰이 동원된다. 언론은 저항하는 사람들을 시대에 뒤떨어지는 자로 매도하고, 사람들은 자기에게 기회가 오기만을 기다릴 뿐 저항하지 않는다. 그야말로 오로지 이윤만을 위한 주식회사 인도 공화국이다. 그 주식회사 안에서 재벌은 무소불위의 권력을 행사하는데, 그 권위를 국가가 위임해주고 그 대가로 엄청난 돈이 국가 권력을 쥔 정치인과 관료들에게 들어간다. 그리고 돈의 위력에 짓눌린 사람들의 투표를 통해 그 모든 행위는 정당화된다. 그 사이 국민만 죽어나고, 국토만 파괴된다. 이것은 최근 10년 동안 인도에서 일어난 일이다. 그런데 인도라는 말만 하지 않으면 딱 한국에서 일어난 일로 이해하기 십상이다. 당연히 그렇다. 그것은 우리가 사는 시대가 신자유주의 시대이기 때문이다. 신자유주의 시대에는 재벌이 국가고, 국민은 그 노예다.

# 10

## '주식회사' 인도의 근원은
## 정경유착이다

재벌과 정치권의 결탁 사례로부터 이야기를 시작해 보자. 식민지 말기부터 독립 직후 시기에 재벌과 정치권의 관계는 노골화되었다. 독립 전에 구성된 국가계획위원회가 독립 후 인도 계획 경제의 밑그림을 제시하자 대자본가들은 자신들의 독자적인 안을 내놓았다. 이 모임 역시 따따와 비를라가 주도했다. 통칭 '봄베이 플랜Bombay Plan'(혹은 따따 비를라 플랜Tata Birla Plan)이라 불린 이 안은 사회주의적 요소를 억제하고 자본의 이익을 옹호하는 내용을 담은 것이었다. 그리고 실제 정책에 상당 부분 반영되었다. G.D. 비를라는 독립 이후부터 1950년대까지 정부의 여러 위원회에 소속되어 정치와 경제 분야 모두에서 활동했고, 국민회의 정부는 인도공산당으로부터 '비를라 정부'라는 비판을 받았다. 독립 후 인도 경제는 기간산업을 대부분 국유화했다. 하지만 국영 기업이라고 해도 경영 인력의 상당수는 따따, 비를라 그리고 여타 재벌의 간부들로 충원되었다. 구체적 사례는 많다.

인도 재벌 전문가인 스가이 신이치는 《글로벌 시대의 인도 재벌: 약진하는 인도 경제의 원동력》이라는 책에서 이런 말을 한 적이 있다.

"존 마타이는 인도 정청 상무국 정보통계국 국장이기도 했는데, 이후에 따따 재벌의 간부가 된 인물이다. 그 후 1946년의 임시 정부에 들어가 단기간에 운수부 장관, 상공부 장관, 재무부 장관을 역임했는데, 네루 수상과는 사이가 나빠 1950년에 정계를 은퇴하고 따따 재벌로 돌아오는 등 정부와 따따 재벌 사이를 왕래했다. 존 마타이 뿐만 아니라, 인도 최대의 인구수를 보유한 웃따르 쁘라데시 주 최초의 주지사 호미 모디Sir Homi Mody 역시 따따 재벌의 간부였다.", "재벌의 영향력이 약화되어감에 따라 그들은 정부에 헌납하는 액수를 늘려가며 관료 채용 등에서 정치력을 계속 유지하고자 했다 … 1967년 제4회 총선거에서는 따따 재벌과 비를라 재벌의 헌납금만으로 인도국민회의에 대한 기업 헌납금의 34%를 점했다. 또한 당시 비를라의 입김이 들어간 의원 수는 40명이었다고 하는데, 이는 곧 전체 의원 수 가운데 10%에 가까운 의원들이 비를라 제국의 일원이었음을 의미한다."

인도 경제 체제를 국가 자본주의라고 부르든 네루식으로 "사회주의 유형의 사회"라고 부르든 간에 실제로 재벌과 국가는 서로의 이익을 충족시켜 주는 관계를 맺게 되었다. 문제는 이 결합으로 생긴 이익이 결코 대다수 국민에게는 분배되지 않았다는 것이다. 독립 후 인도에서는 몇 번의 정치적 제스처를 제외하면 불평등을 실질적으로 감소시키려는 노력이 극히 적었고, 그마저도 의미 있는 결과를 가져오지 못했다. 부패의 또 다른 중요 원천이 바로 이 분배 과정에 있다. 평등한 분배를 실현하려는 국가적 시스템 자체가 아니라 개인의 이익을 위해 그 시스템을 왜곡하는 힘을 제어하지 못하는 것이 문제다. 현재 인도의 집권 연합인 UPA는 보통 사람을 위한 정책을 내세우며 보조금 지급을 늘리고 있다. 그런데 보조금의 15~30%가 횡령된다는 통계가 있어도 이를 막을 뾰족한 대안은 내놓지 못하고 있다. 분명한 것은 이 횡령된 돈이 가난한 이들이 아니라 인도 지배층에게로 흘러 들어간다는 것이다.

재벌들이 정치와 국가 기구에 영향력을 행사하는 또 다른 방법은 엘리트 관료들을 자신들의 기업에 채용하는 것이다. 인도는 물론이고 모든 자본주의 사회에서 관료, 자본이 같은 인력풀을 돌려가며 활용하는 행태는 점점 더 확산되고 있다. 재벌에 포섭된 관료 집단의 주된 역할은 단순한 이권 개입은 물론이고, 더 중요하게는 정부 정책의 좌경화 방지다. "정부와 각 자문 기관에는 반드시 재벌 관계자가 있었다. '퇴임 관료의 재벌 고위직 임명', '정부 인사에 대한 선거 자금 헌납', '로비 활동' 등으로 인해 사회주의적 정책은 정부에서 쉽게 배제될 수밖에 없는 환경이었다." 인도 경제 분석가 스가이 신이치의 말이다. 정경 유착은 결국 좌경화를 막으려는 재벌로서는 당연한 계급 투쟁의 방식이다.

계획 경제 시기의 이런 여러 커넥션을 통해 인도 재벌은 현재 어떤 특혜를 누리게 되었을까? 수입 대체 산업화의 보호 조치 외에도 국가 경제의 핵심 부문을 위탁받고 납품권을 독점해 몸집을 키웠으며 신자유주의 시대에도 지속될 수 있는 방전의 기초를 마련했다. 세계적으로 유명한 인도의 IT산업 발전은 인도 정부가 주도한 원자력 산업에 그 기초가 있다고 한다. 원자력 산업을 관장하는 위원회의 위원장도 재벌 출신이 맡았으며, 원자력 산업에 엄청난 세금 감면 혜택을 주었다. 설비 투자 등의 명목으로 재벌들이 실제로 부담해야 하는 실효세율은 턱없이 낮게 유지되었다. 한국에서도 삼성전자를 비롯한 대기업들이 연구 개발, 설비 투자 등의 명목으로 법정 세율 절반 수준의 법인세만 내는 일과 비슷하다. 또 국가가 재정을 투입해 발전시킨 각종 사회 기반 시설인 철도, 도로, 전기 등을 사적으로 사용하는 경우도 허다했다.

재벌의 행태가 문제가 되자 인도 정부는 1960년에 마할라노비스위원회Mahalanobis Committee(소득 배분 및 생활 수준에 관한 위원회)를 만들어 실태 조사에 나섰는데, 조사 보고서는 "계획 경제가 그 의도와는 반대로 더욱 부의 집중을 가져왔다. 또 사업의 신규 참가와 규모 확대에 대한 인허가 제도는 기업에 더 유리하게 만들었다"라는 결론을 내놓았다. 하지만 정부는 별다른 대책을 내놓지 않다가 1969년이 되어서야 독점및무역실행규칙(MRTP법The Monopolies and Restrictive Trade Practice Act)을 제정해 1970년부터 시행했다. 하지만 이런 재벌 규제는 인디라 간디가 자신의 정치적 곤경을 벗어나기 위해 시행한 기만적인 좌선회 정책의 일환일 뿐이었고, 재벌들의 강력한 저항으로 1973년 이후에는 재벌 규제가 다시 무력화되었다. 한국에서도 대통령이 바뀔 때마다 재벌 군기 잡기에 나섰다가 슬그머니 물러서는 일이 지금도 반복되고 있지 않은가?

인도의 '재벌', '정경 유착'과 더불어 빼놓을 수 없는 문제가 '부패'다. 정부와 정치 체제는 만족할만한 수준이 아닐지 몰라도 억제와 균형 체계가 마련되어 있다. 부패가 그 틈을 뚫고 들어가 마비시키기는 하지만 그 체계가 작동함으로써 부패와 독직이 발각되는 경우가 심심치 않게 있다. 그 대표적인 경우가 1989년 라지브 간디 정부가 스웨덴의 보포르사로부터 받은 엄청난 규모의 뇌물이 발각되어 정권이 야당에 넘어간 사건이다. 그렇지만 재벌과 관련해 벌어지는 부패 사건은 드러나는 법이 없다. 재벌의 부패는 크게 두 가지다. 그 하나는 부패된 정부와 정치인들과의 협잡이다. 세금 포탈이나 이권 개입, 혹은 라이벌 기업에게 불이익을 주는 것 등 주로 경제적 이익과 관련된 형태다. 이러한 부패는 대부분 언젠가 발각된다. 그렇지만 기업의 회계 부정이나 주가 조작과 같은 경우는 잘 드러나지 않는다. 이러한 부패는 자기 기업에 대한 투자자나 종업원 혹은 소비자의 돈을 갈취하는 것과 마찬가지다. 그럼에도 그들은 부정부패는 정치권에만 있는 것인 양 기업인은 국민의 일자리를 창출하며 근면하고 성실하게 일하는 주체라는 이미지를 널리 심는 데 주력한다. 한국의 삼성그룹 이건희가 20여 년 전 정치가 4류라고 폄하한 것의 이면에는 바로 기업은 정치와 같이 더럽지 않고 성실하고 깨끗한 일을 하는 곳이라는 이미지를 심으려는 것이었다.

1991년 7월 인도 정부가 발표한 '신경제 정책'은 본격적인 신자유주의 시대로의 돌입과 함께 재벌 집단에게도 새로운 경제 환경의 도래를 의미했다. 산업 인허가 규제의 폐지 및 완화, 독점 규제법 완화, 외국인 투자 규제 완화, 관세 인하, 국·공영 기업의 민영화, 재정 및 금융 시스템 개혁 등의 조치들은 새로운 재벌을 등장시켰다. 특히 ICT 분야와 인프라 산업에서 새로운 재벌들의 성장이 두드러진다. 그동안 국가가 관리하던 인프라 산업을 전면적으로 시장에 개방하면서 기존 재벌들과 신흥 재벌들은 국가의 인프라 산업을 불하받기 위해 혈안이 되었다. 대표적인 사례가 2002년 국영 통신사인 VSNL<sup>Videsh Sanchar Nigam Limited</sup>을 국제 전화 회선의 규제 완화 조치에 힘입어 따따 재벌이 인수한 것이다. 릴라이언스 그룹이 따따와 맞먹는 규모로 성장한 계기도 2002년 인도석유화학공사Indian Petrochemicals Corporation Limited를 정부로부터 인수받은 것이다. 인도 정부와 재벌들은 공공 인프라의 민영화를 통해 재정 적자를 해소하고 효율성을 높인다는 뻔한 명분을 내세웠다. 이를 위해 한국에서처럼 수익성이 있는 알짜 공공 자산을 매각했다. 이 과정에서 당연히 매각되는 국유 자산의 저평가가 이루어졌고, 인수에 성공한 재벌들은 순식간에 몸집을 불릴 수 있었다. 해마다 세계 부자 순위에 이름을 올리는 인도의 슈퍼 리치들은 대개 제철·에너지·통신·IT·부동산 부문과 관련을 맺고 있다. 현재 인도의 이 산업들은 과당 경쟁, 회계 부정에 2008년 경제 위기까지 겹쳐 몸살을 앓고 있다..

인도 재벌이 벌이는 행태는 한국의 막장 드라마를 현실에 그대로 옮겨놓은 것 같다. 비를라 가문의 상속을 둘러싸고 현재까지 진행되고 있는 유서 위조 논란이나 릴라이언스 그룹 창업자 디루바이의 사망 이후 벌어진 장남 무케시와 차남 아닐 형제 간의 진흙탕 싸움(그 결과 릴라이언스 그룹은 둘로 나누어졌다)은 가십거리 수준이다. 릴라이언스 그룹은 그것 말고도 '외화로 발행된 전환 사채의 자금 용도에 대한 부정 의혹', '통신 사업자 면허료 회피를 위한 신고 누락 의혹', '주가 조작 의혹', '사업 인허가 입찰 시 수뢰 의혹', '국영 통신사에 대한 부정 회선 접속' 등 수많은 스캔들의 주인공이다. 인도 재벌의 과도한 소비는 어제오늘의 일이 아니지만 신자유주의 이후 급성장한 재벌들의 사치는 상상을 초월한다. 앞에서도 언급했지만 개인 저택, 요트, 전용기에 한 번에 수천만 달러를 쓰는 일은 흔하다. 그러면서도 재벌들은 자신들의 소비가 가난한 이들에게 기여하는 일종의 자선 행위라고 강변하기도 한다.

　재벌 관련 스캔들 가운데 압권은 2009년에 일어난 IT 소프트웨어 업계 4위 기업 사띠얌Satyam의 회계 부정 사건이다. 설립자이자 사주인 라주Ramalinga Raju는 수년 동안 10억 달러가 넘는 규모의 회계 부정을 저질렀다. 현금 자산 536억 루피(12억 달러) 가운데 94% 정도가 허구였고, 영업 이익률을 8배나 부풀린 해도 있었다. 인도 재벌의 이런 행태의 배경은 가족 중심의 소유와 경영, 금융이나 회계 관행의 후진성에서 찾는 것이 일반적인 시각이다. 인도 정부나 재계도 사띠얌 사태 재발 방지를 위해 미국과 손잡고 금융과 회계 선진화에 나서겠다는 대책을 내놓았다. 그러나 사띠얌의 회계 부정이 M&A 시장에서 높은 가격에 회사를 팔기 위한 것이었다는 점 그리고 미국에서도 엔론 사태를 비롯해 이런 류의 부정과 사기가 끊이지 않는다는 점을 보면 실질적이고 생산적인 경제 활동이 아닌 금융 투기에 의한 이익만을 추구하는 경제 환경과 그것을 규제하지 않는 제도 자체가 문제라고 봐야 할 것이다.

인도 재벌이 인도 경제에서 차지하는 비중이 크다고 해서 고용 창출이나 노동자들의 소득 증대에 대한 기여도 큰 것은 아니다. 비정규직 노동자를 양산하고 있고, 비정규직에 대한 규제가 강화되자 수련생이라는 편법을 사용해 여전히 고용과 임금에 차별을 두는 노동자를 채용하고 있으며, 아예 해외로 사업을 이전하기도 한다. 간디 정신의 계승을 내세워 이미지를 유지하는 따따 그룹은 인도 내에서보다 오히려 영국에서 더 많은 신규 일자리를 만들어 내고 있다.

이제 인도의 실질적 지배자인 재벌이 인도 국민의 편이었던 적은 별로 없었음을 알 수 있다. 그렇다고 해서 재벌을 해체하고, 나아가 자본주의 이전의 촌락 공동체로 돌아가자고 주장하는 것은 아니다. 일각에서 실제로 그런 주장을 하는 사람이 있기는 하지만, 그것이 해결책이 될 수는 없다. 그런 주장은 독립 시기의 간디주의 자본가들이 했던 것처럼 비현실적이어서 오히려 현실의 문제를 바로 보지 못하게 만들 위험이 크다. 관건은 '주식회사 인도'를 버리는 것이다. '주식회사' 인도 내에서 '발전'이나 '진보'라는 어휘는 경제 개혁, 규제 철폐, 민영화와 동의어가 되었고, 개발은 하나같이 빈민을 위해서라는 명분을 내걸지만, 실제로는 재벌과 관료의 탐욕을 위한 도구일 뿐이다. 기업과 정부는 효율이라는 이름을 내세워 풀뿌리 민중을 주변으로 내쫓고 죽음으로 모는 데 여념이 없다. 국민이 오로지 '주식회사 인도'에 마취된 상태에서 소위 말하는 민주주의 기구들이라 하는 의회, 언론, 경찰, 행정부, 대중 등 모두가 파시즘에 놀아나고 있다. 이 악순환의 고리를 끊어야 한다. 그러려면 권력 쟁취만을 위한 정당 정치에 기댈 것이 아니라 풀뿌리 운동에 매진해야 한다. 특정 가문의 소수가 독점한 그 많은 부를 인도 국민이 어떻게 자신들의 것으로 만들 수 있을지는 모든 민중 주체가 어떻게 연대하는가에 달렸다.

# 11

## 부패 정치는
## 금권 선거에서 나온다

2014년 치러진 인도 총선에서 인디라 간디의 손자인 라훌 간디의 회의당(I)를 물리치고, 수구 정치인 나렌드라 모디가 이끄는 인도국민당이 압승을 거두었다. 이번 선거에선 이 둘 외에 제3의 후보로 거론되는 이들도 몇 있었는데, 따밀나두Tamil Nadu 주의 현 주지사이자 '전인도 안나드라비다진보연합AIADMK'의 당수인 자얄랄리타Selvi J. Jayalalitha도 그중 한 명이다. 유명 여배우 출신으로 1991년 처음 주지사가 된 이후 20년 이상 라이벌인 드라비다진보연맹DMK의 까루나니디M. Karunanidhi(그는 시나리오 작가 출신으로 역시 영화계의 유명 인사였다)와 번갈아가며 주지사직을 차지하고 있다. 지금이 세 번째 집권으로 안나드라비다진보연합은 다음 총선에서도 그녀를 주지사 후보로 정했다고 발표했다. 그런데 따밀나두 주의 선거는 금권 선거가 판을 치는 인도에서도 유난히 잦은 선심성 물품 뿌리기로 주목받아 왔다.

선심 경쟁이 본격화된 것은 2006년 선거부터였다. 당시 야당이었던 드라비다진보연맹이 공적 분배 시스템에서 빈곤층에 공급하던 쌀 가격을 킬로그램당 3.5루피에서 2루피로 내리겠다는 공약을 내걸었다. 그러자 집권당이었던 안나드라비다진보연합 대표인 자얄랄리타는 자신이 집권하면 판매 최소 단위인 쌀 20킬로그램 중 10킬로그램을 무료로 주겠다고 공약했다. 이른바 "공짜 쌀" 공약이었다. 따밀나두 주에서는 전체 주민의 30% 정도에 해당하는 1천880만 명이 공적 분배 시스템의 대상자였다. 이 정도는 생계도 못 잇는 극빈층이 많은 인도 정치에서 흔한 수준의 공약이다. 그런데 드라비다진보연맹의 까루나니디가 집권하면 컬러텔레비전을 무상으로 주겠다는 파격적인 공약을 추가했다. 이 공약을 실천하는 데 430억 루피(약 1조 원)가 든다는 계산을 근거로 실행 불가능한 공약이라는 비판이 일자 오히려 그는 전 가구에 케이블 방송을 무료로 연결해주겠다는 공약까지 통 크게 덧붙였다. 이 선거에서는 결국 화끈하게 인심을 쓴(물론 이 공약은 주 정부의 재정 집행으로 실현되었다) 까루나니디가 승리했다. 그 후 따밀나두 지역의 가정에 1천6백만 대의 컬러텔레비전이 공급됐다.

싼 값에 텔레비전을 납품한 가전 업체와의 유착 의혹도 당연히 뒤따랐다.

2011년 선거에서도 마찬가지 양상이 반복되었다. 집권당이었던 드라비다진보연합은 빈곤층에게 믹서나 분쇄기를, 공대 학생들에게는 노트북 컴퓨터를, 위험한 조업을 해야 하는 어부들에게는 보험을 제공하겠다는 공약을 내세웠다. 또 세탁기와 냉장고는 자격 제한 없이 나눠 주겠다고도 공약했다. 야당인 안나드라비다진보연합은 질세라 물품 목록을 추가했다. 공대생에게만 노트북 컴퓨터를 제공하겠다는 드라비다진보연합과는 달리 한국의 고등학교 2, 3학년에 해당하는 11, 12학년을 포함해 전공에 관계없이 모든 대학생에게 노트북을 제공하겠다고 약속했다. 모든 여성을 대상으로는 드라비다진보연합의 믹서와 분쇄기에 선풍기를 추가했다. 인도는 더운 나라이지 않은가? 그리고 빈곤층에게는 생계를 도울 양 네 마리씩을 약속했다. 가난하더라도 빚을 내어서까지 호화스럽게 결혼식을 올리고 금붙이 장신구를 유난히 좋아하는 인도인의 사정에 맞게 가난한 계층 신부들에게는 4그램의 금을 약속했다. 6천 개의 마을에 6만 마리의 소를 제공하고, 아직 케이블이 보급되지 않은 모든 가구에 무상으로 케이블 텔레비전을 주겠다는 공약도 더해졌다. 인도에서 믹시Mixie라 불리는 믹서가 양당의 공약에서 빠지지 않는 것은 남인도 지역의 주식인 떡과 코코넛 처트니를 만드는 데 유용하기 때문이다. 이는 가사 노동을 전담하는 여성들에게 특히 인기 있는 가전제품이다. 어느 무소속 후보는 따따자동차에서 만든 나노Nano라는 소형 승용차(한 대당 2천200달러 상당) 제공을 공약으로 내걸기도 했다. 매번 선거에서 벌어지는 선심 공약에 따밀나두 주민들이 설렐 법도 하다.

하지만 이런 선거 행태에 모두가 행복해 하는 것은 아니었다. 우선 가전제품 소매상들이 직접적인 타격을 받았다. 정부가 공짜로 가전제품을 주는데 누가 돈을 주고 사려 하겠는가? 선거는 꼬박꼬박 돌아오니 필요한 것이 있어도 그때를 기다릴 것이다. 좀 더 심각하게 문제제기하는 이들도 있다. 따밀나두 지역의 사회 운동가들은 선심 선거 관행을 중단해야 한다고 주장한다. 물품의 무상 제공은 매표 행위이며 정치인, 정당의 사욕을 위해 주정부의 재정을 남용한다는 것이다. 이들 사회 운동가들은 무상 물품을 제공하는 모든 정당을 대상으로 인도 선거관리위원회에 고소장을 제출했고, 이 정당들 소속의 모든 후보자의 자격을 박탈하는 방안을 강구하고 있다. 이 소송은 대법원 판결을 앞두고 있다. 이에 그치지 않고 물품 무상 제공 관행을 금지하는 법률 개정도 이루어져야 한다는 것이 이들의 요구 사항이다. 현행의 인도 선거법에도 '후보자들이 개별 유권자들의 지지를 얻기 위해 선물을 제공하거나 약속하는 행위'를 불법으로 규정하고 있다. 그러나 그 조항이 모호해서 '정당이 성명서 등을 통해 광범위한 계층에게 물품 제공을 약속하는 것에 대해서는 명백한 금지 조항이 없다'고 한다.

따밀나두 주의 선거에서 두 당이 번갈아 집권하는 현상의 또 다른 원인은 부패 스캔들이다. 자얄랄리타와 까루나니디 둘 다 부패 스캔들로 유명하다. 하지만 집권당의 부패 규모가 더 크고 대중에게도 더 잘 알려지기 때문에 그에 따른 반사 이익으로 선거 당시의 야당이 집권하고 집권당이 된 야당은 다시 부패 스캔들을 일으켜 권력을 내주는 일이 반복되고 있다. 그놈이 그놈이지만 그나마 누가 덜 부패했느냐를 두고 선택하는 것도 모자라 누구의 부패 행위가 더 가까운 기억인가에 따라 정권이 교체되는 상황이 이어졌다.

먼저 자얄랄리타의 경우를 보자. 그녀의 지지자들은 그녀를 살아있는 신처럼 여길 정도다. 종교 행사에서 그녀의 이름을 주문처럼 외우는 이들도 적지 않다고 한다. 또 많은 사람이 그녀를 암마Amma(어머니라는 뜻)라고 부른다. 자얄랄리타가 어머니처럼 그들의 삶을 돌봐준다는 것이다. 하지만 어머니의 마음으로 노동자를 내친 한국의 전 코레일 사장 최연혜처럼 가난한 주민에게는 쌀과 가전제품 정도를 주는 그녀는 자신을 위해서는 돈을 아끼지 않는 쿨한 어머니로 알려졌다. 4채의 대저택을 소유했고 750컬레의 신발, 1만 벌의 사리, 수백 개의 명품 가방에 비싼 장신구를 가득 넣어 다니는 그녀의 생활은 사실 배우 시절에 벌어

놓은 돈으로 감당할 수 있는 규모가 아니다. 부패 혐의로 이미 실형을 살기도 한 것을 보면 그 돈이 어디에서 나온 것인지는 짐작하기 어렵지 않다.

라이벌인 까루나니디도 이에 못지않다. 2008년 인도의 2G 통신망 주파수 경매 당시 통신부 장관을 비롯한 고위 관료, 장관들이 개입해 6개 통신사에 지나치게 낮은 가격으로 주파수 사용권을 불하해 결국 정부에 1조7천690억 루피(약 400억 달러) 규모의 손실을 끼친 사건이 발생했다. 까루나니디의 부인과 딸, 측근들이 이 사건에 연루된 것이 2011년 선거에서 패배한 주요 원인이었다.

이렇게 선심성 공약과 부패 스캔들이 따밀나두 주의 선거를 결정짓는 요인이 된 것은 두 당 사이에 스리랑카의 타밀 족에 대한 입장 차이를 제외하고는 이념이나 정책에서 거의 아무런 차이가 없기 때문이다. 당은 개인의 사유물이 되었고 당수의 개인적 이미지가 당 소속 의원 후보들의 당락을 결정하는 상황이 수십 년간 변하지 않고 있다. 물론 따밀나두 주가 인도 자동차 산업의 허브라 불리며 다른 주들에 비해 상대적으로 높은 경제 성장률을 보이기는 했지만 이에 대한 두 당의 기여도가 크게 차이난다고 보기는 어렵다.

그런데 정작 선심 선거의 당사자들인 두 정당의 주장을 들어보면 후진국의 수준 낮은 정치 문화로 치부하기엔 문제가 단순하지 않다. 두 정당 모두 물품 무상 공급 공약이 매표 행위가 아니라 복지의 확대라고 주장한다. 극빈층 주민에게 식량을 저가나 무상으로 제공하고, 결혼 비용을 보조해 주고, 문화생활의 기회를 확대해 주며, 여성들의 가사 노동을 경감시킬 수단을 제공하는 것은 서구 선진국에서도 시행하는 복지 정책이 아닌가? 행정망을 통한 사회적 서비스, 보조금, 바우처 등의 형태로 지급되면 복지 제도고 현물을 주면 매표 행위인가? 복지에 반대하는 보수주의자들은 복지 제도 자체를 대중을 동원하기 위한 포퓰리즘이라고 비판하지 않는가? 인도의 집권 회의당(I)를 중심으로 형성된 정당 연대체인 통합진보연합 정부는 최근 식량안보법Food Security Bill을 제정하고 24조 루피의 예산을 들여 8억 명의 빈곤층에게 식량을 안정적으로 지원한다는 계획을 발표했는데, 반대파는 이 법안이 총선을 대비한 포퓰리즘 정책이라고 비판하고 있다. 따밀나두 주의 선심 공약과 이 법안의 차이는 무엇일까? 이렇게 보면 선심 선거와 무상 복지의 경계는 모호한 구석이 있다.

대중이 투표권을 가지게 된 이래로 선거를 통한 정치는 어떤 수단을 사용해서든 대중의 지지를 얻는 이가 권력을 잡는 방식이 되었다. 안나드라비다진보연합의 설립자 라마짠드란M.G. Ramachandran(흔히 인도에서는 MGR이라고 부른다)은 현 당수 자얄랄리타와 마찬가지로 유명 배우 출신이었다. 그리고 그의 팬클럽을 당 설립의 중요 조직 기반으로 삼은 것으로도 유명하다. 배우로서의 대중적 인기와 정치적 지지가 개념상으로는 다른 영역의 것이긴 하지만 선거에서 배우로서의 인기로 얻은 표를 걸러내지는 않는다. 돈이나 물건을 받고 찍은 표와 순수한 정치 노선, 정책에 대한 찬성과 반대에만 근거한 표를 구별해 집계하는 것도 불가능하다.

인도 선거처럼 유권자에게 직접 물질적으로 보상하면서 표를 얻는 정치가, 국회의원들이 쪽지 예산을 편성해 자신의 지역구에 정부 예산을 몰아주는 한국의 정치 행태나 공식 선거 자금만 35억 달러(우리 돈으로 4조 원에 달한다) 이상을 쓴 최근 몇 번의 미국 대통령 선거에 비해 더 부패한 금권 정치라고 볼 수 있을까? 미국 대선 자금 중에 가장 큰 몫이 텔레비전 광고에 쏟아 부어진 것인데 대중 매체를 통해 대중을 세련되게 현혹시키는 것이 물품 제공보다 더 선진적이고 민주적인 정치 행태라고 여기는 것은 서구적 선입관에 물든 탓이 아닌지 생각해 보게 된다.

하지만 고려해 볼 만한 여지가 여러 가지 있음에도 인도의 정치인들이 돈과 물건으로 표를 얻는 행위가 비판받아 마땅한 이유는 분명하다. 그들은 선거 때 나누어 준 것보다 더 많은 것을 임기 동안 유권자들로부터 빼앗아간다. 그들이 돈으로 산 권력으로 민중에게 더 많은 것을 보장해 준 경우는 없다. 자신들의 정치적 특권을 유지하면서 이를 이용해 합법적이든 불법적이든 경제적 이익을 자신과 자신의 집단에게 보장하는 것이 식량, 가전제품,

결혼 자금, 가축을 유권자들에게 주는 이유다. 게다가 그들은 조금 더 공이 드는 방식, 즉 민주적 공론화, 제도의 개선, 법령 정비 등은 내버려 둔 채 가장 일차원적인 방식으로 대중을 매수함으로써 대중을 모욕하고 있다. 그리고 그 매수는 무자비한 물리적 폭력과 동전의 양면을 이룬다. 이것이 인도의 금권 정치가 비난받고 대중에 의해 극복되어야 하는 이유다.

부패의 나라라고 불릴 정도로 인도의 부패 문제는 국가적 재난이다. 그런데 2013년 주 의회 선거에서 혁명적인 사건이 수도 델리에서 일어났다. 회의당(I)와 인도국민당 두 당이 지금까지 60년 넘도록 주 의회 정부를 이끌어 온 구조를 창당 1년밖에 안 된 신생 정당인 보통사람당이 깨버렸다. 그들은 의석수로 제2당이 되었고 연대를 통해 집권당이 되었다. 지난 수년 간 부패 일소에 매진한 시민운동의 위력은 2010년 이후 본격적으로 거세게 불었다. 국민들로부터 마하뜨마 간디 못지않은 존경을 받는 70대의 안나 하자레가 부패 청산 시민운동을 이끌었고, 결국 인도 정부로 하여금 부패방지법을 강화하겠다는 약속을 얻어냈다. 그러나 이번에도 정치인들의 벽에 막혀 결실을 얻지 못했다. 그러면서 시민운동과 별개로 정치판 자체를 바꿔야 한다고 주장하는 사람들이 모여 2012년에 보통사람당을 창당했다. 그들은 당의 부패를 쓸어버린다는 의미로 빗자루를 당의 상징으로 삼을 만큼 모든 초점을 부패 일소에 맞추었다. 그리고 그 다음 해에 수도 델리 정부를 접수해버렸다. 그들의 정치 실험이 성공할 것인가? 그리하여 인도에서 부패를 몰아낼 것인가? 인도의 운명이 바로 수구 세력의 난동에 저항하는 이 시민운동에 달렸다고 봐도 과언이 아닐 것이다.

# 12

# 아요디야 비극,
# 수구 난동의 절정을 이루다

1980년대 말이 되면서 회의당(I)의 힘은 점차 약화되었고, 지난 40년 동안 그 막강한 '네루 왕조'의 혈통주의 때문에 권력의 언저리에조차 가보지 못한 인도국민당은 이를 틈타 좀 더 본격적으로 권력 의지를 불태우기 시작했다. 그리고 이를 위해 힌두 근본주의 노선을 채택했다. 그들은 세계 최고 문명이던 고대 힌두 문명을 이슬람 세력이 모두 파괴해 중세의 암흑시대가 열렸다는 영국 식민주의자들의 역사 왜곡을 적극 활용했다. 특히 이슬람 세력이 힌두 사원을 대규모로 파괴하고 약탈했다는 주장은 학문적 근거가 희박한데다 설사 사실이더라도 다른 종교의 사원을 파괴하고 그 자리에 새로운 종교 사원을 세우는 일은 세계 도처에서 일어났던 보편적인 일이다. 역사적으로 볼 때 인도 내에서도 불교 사원을 힌두 사원이 빼앗아 차지하는 일이 비일비재했다. 그리고 그러한 일과 상관없이 서로 다른 종교를 가진 사람들은 수백 년 동안 평화로운 관계를 유지하며 살아왔다. 그런데 권력욕에 사로잡힌 수구 난동 세력이 그 일을 끄집어내 사람들을 선동하기 시작했다. 아무 근거 없는 주장이었지만, 이미 '이슬람 세력은 힌두 사원 파괴자'라는 영국 식민주의자들의 왜곡이 널리 퍼져 있어 수구 세력의 이런 주장은 상당한 지지를 받았다.

1984년 라지브 간디가 네루 왕조의 혈통주의에 힘입어 다시 수상직에 오르자 수구 세력은 종교를 정치에 끌어들여 민심을 적극적으로 자극하기 시작했다. 그해 의용단일가의 주요 구성 단체인 세계힌두회의는 '라마탄생지해방전선'이라는 단체를 만들어 아요디야에 있는 이슬람 사원 바브리 마스지드를 힌두교도에게 개방할 것을 강력히 요구했다. 논란이 벌어졌으나 결국 법원이 주 정부에 개방을 명령하고, 그 판결이 국영 텔레비전을 통해 방송되었다. 이에 무슬림들은 '바브리 마스지드 행동위원회'를 조직해 법원 판결에 저항했다. 그러면서 아요디야를 둘러싼 힌두교도와 무슬림의 무력 충돌의 소용돌이가 전국에 일기 시작했다. 그때 라지브 간디 수상과 연방 정부는 국가 이념이 세속주의임에도 힌두 세력의 이탈을 두려워해 힌두 근본주의 확산에 적극적으로 대처하지 못했다. 라지브 간디는 비겁하게도 수구 세력이 아요디야에서 계획하고 있던 주춧돌 안치 의례를 연방 의회와 알라하바드 고등 법원의 판결을 묵살하면서까지 허가해 주었다. 그 이유는 단 하나, 권력을 빼앗기지 않기 위함이었다. 다름 아닌 라지브 간디 본인이 잘못된 종교 공동체주의에 힘입어 수상직에 오른 사람이었다. 그래서 그는 역사 왜곡에 자극받은 인민의 요구를 바로 잡거나 수구 세력의 난동에 단호하게 대처하려 하지 않았다.

인민이 종교 자극에 쉽게 노출되는 것을 확인한 수구 세력은 좀 더 적극적으로 행동하기 시작했으니, 그것은 1986년 당 대표로 당선된 노회한 정치인 아드와니L. K. Advani에 의해서였다. 아드와니는 암소 도살이나 카슈미르에서 무슬림의 힌두 사원 파괴와 같은 매우 민감한 문제를 정치적으로 처음 거론했다. 그러한 문제는 워낙 폭발력이 커 독립 후 누구도 적극적으로 거론하지 않은 문제들이었다. 실질적으로 인도국민당을 위시한 수구 세력이 종교 근본주의인 힌두뜨와를 당의 노선으로 천명한 것이다. 그러자 수구 세력들인 민족의용단, 세계힌두회의, 바즈랑 달과 같은 연대 단체들이 즉시 적극적인 지지를 표명했다. 당시 회의당(I)는 40년 넘게 유지되어 온 일당 지배 체제가 심하게 흔들리면서 연립 정부를 간신히 유지하는 수준이었다. 이 틈을 노린 인도국민당은 힌두 근본주의를 지속적으로 제기했고, 그 덕에

1989년 총선에서 전체 의석 545석 중 91석을 차지하는 기염을 토했다. 그 이전 선거에서 고작 2석을 얻었던 정당이 선동 자극 몇 년 만에 무려 100석 가깝게 세력을 확장한 것이다.

자신감을 얻은 아드와니는 라트 야뜨라Rath Yatra라는 힌두 종교 축제를 종교 감정 자극의 구체적 수단으로 삼기로 했다. 원래 라트 야뜨라는 거대한 전차 위에 특정 신을 안치해 정해진 코스를 행렬하는 것이다. 인도국민당 아드와니는 이 종교 축제를 정치적으로 변질시켰다. 아드와니가 기획한 순례 출발지는 구자라프의 솜나트Somanath 사원이었고, 목적지는 아요디야였다. 무슬림 침략자의 기록에 따르면 아프간 출신 침략자인 마흐무드가 1026년에 솜나트의 사원들을 대대적으로 약탈했다 한다. 그리고 그 규모는 지축이 흔들릴 정도였다고 전한다. 그런데 그 지역의 토착 왕국 궁정 기록이나 각종 비문 및 전설 등에는 이 사건에 대해 일언반구조차 없다. 학자들에 따르면 보통 무슬림 침략자들은 자신이 행한 약탈을 사실보다 더 크게 떠벌이거나 과장해 기록을 남기는 경우가 많다. 따라서 그 사건은 실제로는 인도 서부의 사원에 흔히 있던 약탈 사건이었을 것이다. 그런데도 마치 무슬림이 힌두 문명 전체를 파괴하고 약탈한 것처럼 간주되면서 이 사건이 인도사 시대 구분의 기준이 되기까지 했고 그 이후 무슬림의 힌두 문명 파괴의 상징으로 자리 잡기까지 했다. 아요디야는 힌두교 신화에서 가장 대중적인 신 가운데 하나인 비슈누의 화신 라마Rama가 탄생한 곳이다. 라마가 힌두 신화에서 이상 군주의 역할을 하고 있어 탄생지인 아요디야는 힌두 세계에서 이상정치가 펼쳐지는 이상향으로 자리 잡아 왔다. 그런데 그곳에 정작 라마 사원은 없고, 이슬람 사원인 바브리 마스지드가 있다는 사실이 문제를 일으켰다. 힌두 근본주의자들은 16세기에 인도를 침략해 들어온 무갈 제국 개조 바바르가 원래 있던 라마 사원을 파괴하고 그 위에 자신의 이름을 딴 모스크를 세웠다고 주장했다. 그리고 급기야 이슬람 사원을 파괴하고 라마 사원을 복구해야 한다는 주장을 공공연히 제기했다. 아드와니는 1990년 9월 25일 힌두교의 이상 군주 라마 신상을 전차에 앉히고 라마의 사원을 파괴한 무슬림이 그 위에 자신들의 이슬람 신전을 세웠다는 아요디야로 향했다.

그런데 흥미로운 점은 그 전차를 원래 여당이 사용했다는 것이다. 그 전차는 여당인 회의당이 라지브 간디가 정권의 적자임을 강조하는 혈통주의를 홍보하기 위해 1987년부터 1년 반 동안전 국민의 호응 속에 대대적으로 방영된 텔레비전 연속극에서 소품으로 사용한 상상의 전차다. 일반 대중은 연속극에 깊이 심취해 있었던 터라 실제로 눈앞에 나타난 전차를 열광적으로 받아들였고, 신화가 아닌 실재로 읽었다. 아드와니 일행은 한 달 여의 행렬 동안 이슬람 사원에 대한 힌두 사원의 회복 촉구와 세속주의의 폐기 등을 주창했고, 전국에서 모인 민족의용단과 의용단일가

단원들은 민심 자극과 선동에 모든 힘을 기울였다. 그들은 회의당의 40년 권력이 약해지자 과감하게 보수 민족주의를 버리고 수구 민족주의와 손을 잡았다. 정치 세력으로서 일체의 주저도 없는 악마적 권력 의지였다.

종교 근본주의를 통한 자극과 선동으로 '아요디야 이슈'를 전면에 내세운 인도국민당은 1991년 총선에서 119석을 차지하는 비약적 성장을 거두었다. 그리고 인도국민당은 웃따르 쁘라데시 주 선거에서도 승리해 주 정부를 구성하게 되었다. 탄력을 받은 수구 세력은 더욱 가열차게 바브리 사원 파괴와 라마 사원 건설을 추진했고, 인도국민당 주 정부는 이를 적극 지원했다. 1991년 정부 재구성을 위한 총선에서 다시 집권한 회의당 정부가 그 공사를 중지시켰지만, 마땅한 해결책을 내놓지 못했다. 힌두 근본주의 세력과 무슬림 단체 사이에서 아무런 해결도 보지 못한 채 협상은 결렬되었고, 결국 힌두 근본주의자들이 사원 공사를 강행했다. 그리고 1992년 12월 6일이 '바브리 사원을 해체하고 라마 사원을 건립하는 행동의 날'로 선포되었다. 그들은 현재 이 나라에 사는 무슬림은 인도 침략자들의 후손이고, 그들 침략자들이 힌두교의 라마 사원을 파괴하고 그 위에 모스크를 세웠기 때문에 힌두교도들은 현재의 이슬람 사원인 바브리 모스크를 파괴하고 라마 사원을 복원해야 한다고 선언했다. 이에 중앙 정부가 이 지역에 군대를 파견해 파괴를 막고자 했으나 주 정부를 등에 업은 힌두 근본주의 세력은 아랑곳하지 않았다. 아드와니를 비롯한 인도국민당 정치인이 잇달아 행동 참가를 선언했고, 이어 전국에서 수십만 명의 행동 대원이 모여들었다. 그리고 군과 경찰이 지켜보는 가운데 무슬림의 성소가 잿더미로 변해 버렸다. 행동 대원들은 순식간에 이슬람 사원을 완전히 파괴하고 그 자리에 라마 신상을 모신 뒤, 주변에 담을 쌓았다. 이 과정에서 232명이 살해되었고, 그 후로도 유혈 사태가 전국적으로 계속되어 500명 이상이 사망했다. 그동안 집을 잃은 사람이 수십만 명이고, 재산 손실은 천문학적으로 불어났다.

이것이 비극의 끝이 아니다. 힌두 근본주의자 행동 대원이 모스크를 파괴하는 장면이 텔레비전과 라디오를 통해 전국에 중계되고 자세한 내용이 연이어 신문에 보도되면서 인도 전역에 힌두와 무슬림 간 종교 공동체 충돌이 걷잡을 수 없이 번져 나갔다. 그러면서 더 큰 비극이 일어나기 시작했다. 분노에 찬 무슬림이 연쇄적으로 복수를 감행한 것이었다. 그들은 연쇄 테러를 일으켰고, 그러면 다시 힌두 세력이 집단 학살이라는 또 다른 복수를 자행했다. 영국 식민주의가 심어 놓은 종교 공동체 간 적대는 분단으로 더 커졌고, 파키스탄에 대한 적개심은 시간이 지나며 내부로 방향이 바뀌더니 결국 아요디야 무슬림 사원 파괴를 낳았다. 그리고 1998년 포크란 핵 실험으로 이어지면서 점차 인도 사회에 파시즘이 만연하게 됐다. 이 분위기에 불을 붙인 것은 물론 정권 쟁취에 혈안이 된 인도국민당과 그 연대 조직들이었다. 바야흐로 수구 세력 난동의 역사가 눈앞에 펼쳐지기 시작했다. 인도는 이제 파시즘의 나라를 향해 행군했다.

수구 난동은 인도국민당과 산하 연대 조직의 이데올로그를 이용해 정치인들이 주도하고 조장했지만, 그들에게 수탈당하는 가난하고 소외된 집단이 대거 동원됐다. 의용단일가에 오래 전부터 포섭된 불가촉천민과 아디바시Adivasi(깊은 숲 속에 사는 원주민. 힌두로 인정받지도 못하고, 카스트도 부여받지 못하는 대표적인 소외 집단이다) 그리고 빈민들이 압제자와 연대해 폭력 행위에 앞장서는 것이다. 그들은 자신들보다 눈곱만큼 상황이 나은 무슬림들의 재산을 빼앗고, 불 지르고, 강간하고 죽이는 일에 앞장섰다. 인도의 수구 세력들은 최하층 인민들의 사회에 대한 적개심과 증오를 종교 갈등으로 포장해 적을 다른 데서 찾게 만드는 데 능수능란했다. 수구 세력이 가난한 인민들에게 현재와 다른 미래에 대한 꿈을 보여주며 그들을 속이는 데 열중한 반면, 좌파 정치인들은 현실과 아무런 관계도 맺지 못하고 자신들의 꿈만 꾸면서 주위를 차단한 채 고담준론에 몰두했다. 그 사이에서 가난한 인민이 자신들에게 꿈을 보여준 수구 세력에 기대는 것은 당연한 일이었다.

아요디야 사태 이후 힌두 근본주의 수구 난동 세력의 정치권력은 파죽지세로 성장했다. 1996년의 총선에서는 161석을 차지해 제1당에 올랐는데, 비록 13일간이었지만 집권당의 자리까지 오르는 초유의 경험이었다. 그러다 1998년에는 182석을 차지해 제1당으로 연립 정부를 구성하고 명실상부한 집권당이 되었다. 그 사이 인도 방방곡곡은 피로 물들었다. 이후로 무슬림의 보복 테러와 힌두의 집단 학살은 언제 어디서든 부르면 일어나게끔 예정됐다. 테러와 학살은 항상 주요 선거를 앞두고 일어났고, 뭇사람의 상상을 초월하는 수법으로 벌어졌다. 사람들은 한 사건이 터지면 그 다음에는 무슨 사건이 어떻게 터질까 하고 두려워했다. 보복과 두려움의 일상화였다. 그 끝은 어디일까? 이 비극이 인도에서만 일어나는 것일까? 그것이 두렵다.

# 13

## 권력은 총구가 아닌
## 역사 교과서에서 나온다

국민당Janata Party은 1947년 독립 후 줄곧 집권한 회의당(I)의 아성을 무너뜨리고 1977년 처음으로 집권에 성공한 야당이었다. 국민당은 인도 독립 투쟁 당시 힌두 종교 공동체주의에 기운 보수 우익 민족주의 세력이 정당의 필요성을 인식해 만들었다. 현재 집권 여당인 인도국민당의 전신이고, 민족의용단이나 의용단 일가 등 수구 세력이 정당체로 결합한 것이다. 그들은 1977년 집권 후 2년도 되지 않아 권좌에서 물러났고, 그 뒤 발전적으로 당을 해체한 후 인도국민당으로 재창당해 20년 후인 1998년 다시 집권했다.

그들 힌두 민족주의 수구 세력이 두 번의 집권기 동안 똑같이 한 일이 있다. 역사 교과서 문제를 정치의 중심 이슈로 끌어올린 것이 그것이다. 무엇이 그들로 하여금 교과서 문제를 그토록 중요하고 절박한 것으로 만들었을까? 그들 정권은 단호하게 회의당(I) 정권의 역사 교과서가 공산주의에 의한 역사 왜곡이라 규정했다. 그리고 검인정 교과서 가운데 가장 권위를 인정받는 국립교육연수원NCERT이 역사 교과서를 새로 집필하게 했다. 검인정 체제인 인도에선 국립교육연수원이 역사 교과서를 발행하고, 이것을 공교육 체제로 운영되는 대부분의 학교에서 채택하기 때문에 이 교과서가 압도적인 영향력을 행사한다. 새 정부가 들어선 후 국영 기관인 국립교육연수원이 주체가 되어 30년 동안 정사正史로 배워 온 역사를 폐기하고 새로운 역사 교과서를 집필해 가르친다는 것은 사회적으로 엄청난 파장이었다.

국민당의 모라르지 데사이Morarji Desai 정부는 고등학교 역사 교과서 《인도고대사Ancient India》의 저자인 샤르마R.S. Sharma가 공산주의로 학문을 벌겋게 물들인 자라고 신랄하게 공격하며 역사 전쟁을 일으켰다. 그리고 다음 해인 1978년에 샤르마가 집필한 고등학교 역사 교과서를 국립교육연수원 도서 목록에서 퇴출했다. 그리고 중학교 역사 교과서 저자인 타빠르Romila Thapar를 비판하기 시작했다. 타빠르에게는 본격적으로 힌두 종교 공동체주의의 색채를 덮어씌웠다. 정부는 타빠르가 무슬림 왕조인 무갈에 대해서는 관대하고 자신들의 고대 힌두 문명에 대해서는 매우 비판적이라며 왜 적을 이롭게 하는 역사를 기술하느냐고 따져 물었다. 저자와 정부를 넘어서서 진영 싸움으로 번진 교과서 논쟁의 중심에는 종교 공동체주의가 있었다. 민족주의 수구 세력은 영국이 식민 지배를 위해 이간질 차원에서 만든, 즉 그 이전에는 역사적으로 실체가 없던 힌두 공동체와 무슬림 공동체를 역사적 사실로 만들려 안간힘을 썼다. 무슬림을 악마화하고 힌두를 집단화하여 그를 기반으로 권력을 잡으려는 책략이었다. 힌두와 무슬림 사이를 이간질하고 그 과정에서 소수인 무슬림을 희생시키며 정치적 이익을 챙기려 한 것이다. 그들은 좌파 공산주의자들이 자신들의 권력을 위해 민족의 위대함을 무시한다는 논리를 폈다.

이 같은 우파 민족주의 의견이 학계에서는 거의 받아들여지지 않았지만 파장은 매우 컸다. 그들이 대중화한 역사 문제는 학문이 아닌 정치적 도구로써의 역사 문제였고, 이 점에서 수구 세력의 문제 제기는 큰 성공을 거뒀다. 그들은 2년이라는 짧은 기간 동안 권좌에 있었지만, 역사 교과서 문제를 정치와 결부시켜 본격적인 종교 공동체 갈등을 일으켰다. 무슬림을 민족이 아닌 세력, 이 땅에서 몰아내야 하는 세력, 폭력을 써서라도 복수해야 하는 세력으로 규정했다. 그들은 세계에서 가장 위대한 자신들의 고대 문명이 무슬림에 의해 파괴되고 농락당했다고 주장했다. 그들의 줄기찬 역사 왜곡과 이에 기반을 둔 정치적 싸움은 10여 년 동안 계속되었는데, 이는 매우 집요하고 조직적이었다.

조직의 중심은 민족의용단이었다. 영국 식민 지배와 조직적으로 싸운 경험이 있던 그들은 전국의 지부(샤카Shakha)에 왜곡된 힌두 민족주의 역사관을 널리 가르치도록 했다. 그 교과서를 토대로 유치원부터 고등학교까지 모든 연령의 청소년을 교육해 의용단원을 양성했다. 현재 지부는 2004년 이후로 그 세가 줄어 전국 1만여 개가 있으나 1990년대에는 6만 개에 이를 정도로 번성했다. 지부에서는 이 힌두 중심의 종교 공동체주의적 역사관을 토대로 요가, 의례, 예술 등 광범위한 힌두 문화를 가르치면서 국수주의적 세계관을 매일의 삶에서 실천하도록 한다. 그리고 의용단일가에 속하는 교육 중심 조직인 전인도지식교육원The Vidya Bharati Akhil Bharatiya Shikha Sansthan은 2만 여 개의 학교를 운영하며 전국적으로 200만 명이 훨씬 넘는 청소년들이 유치원 나이 때부터 청년으로 성장할 때까지 이곳에서 교육을 받는다. 그 학교는 도시보다는 시골이나 소수 부족 거주지에 집중적으로 분포되어 있어 다른 정보와 지식을 접하기 어려운 그들에게 왜곡된 역사관을 심는 큰 역할을 한다. 민족의용단과 의용단일가 내 다양한 조직의 행동 대원이 여기에서 교육을 받은 청소년들로 충원된다. 매우 잘 짜인 체계다.

민족의용단이 자행한 힌두 민족주의 기반의 적대적 힌두 종교 공동체주의가 효과를 발휘해 1990년대 초부터 전국의 청소년들에게 심각하게 받아들여졌다. 1977년 이후로 본격화된 그들의 역사 교육을 받고 자라난 세대가 드디어 힌두 수구 세력의 청년 전위대로 성장한 것이다. 현대 인도사의 가장 큰 분기점이자 비극의 기점이 된 아요디야 무슬림 사원 파괴는 바로 이들 전위대가 일으킨 것이다. 그리고 그로부터 10년이 흐른 2002년 구자라뜨 학살의 난동도 바로 힌두 민족주의의 왜곡된 역사 교육이 가장 잘 이루어진 구자라뜨 주에서 일어났다. '아요디야'와 '구자라뜨'는 역사 왜곡으로 연계된 필연이다.

인도 현대사의 가장 비극적인 수구 난동의 역사는 주도면밀하게 진행된 우파의 역사 교과서 문제에 의해 촉발되었다는 것은 누구도 의심할 수 없는 분명한 사실이다. 인도 우익의 역사 교과서는 역사가 더 이상 과거를 설명하거나 분석하는 담론이 아니라 정치의 최전선에서 권력을 가져올 수 있는 무기의 역할을 한다는 사실을 소름끼치게 보여준다. 우파는 조직에 강하고 좌파는 논쟁에 강하다. 조직은 사람을 끌어들이지만 논쟁은 사람을 멀리 하게 한다. 권력을 쟁취하기 위한 정치에서 필요한 것은 조직이다. 그런 점에서 좌파는 순수하나 무능하고, 우파는 사악하나 유능하다. 어린 학생들이 힌두 공동체주의에 기반해 민족의용단이 만든 교과서로 역사를 배운 후, 종교 공동체 갈등을 일으킨 수구 난동 세력이 성장했고, 그 10년 뒤 인도국민당의 집권으로 귀결되었다.

인도국민당은 1977년 정권을 잡은 뒤 역사 교과서 논쟁을 촉발시켰고, 정권을 빼앗긴 후에도 절치부심하여 결국 20년 후에 여러 수구 세력을 규합해 다시 집권에 성공했다. 수구 세력은 1998년 연정을 통해 정권을 잡았으나 1년 만에 연정이 붕괴되어 재선거를 치렀고, 1999년에 다시 정권을 잡았는데, 이번에는 다수당이 되어 안정적으로 정권을 유지할 수 있었다. 그리고 3년이 지난 2002년 수구 세력은 1977년에 이어 다시 역사 교과서 전쟁을 일으켰다. 그들은 국립교육연수원 역사 교과서를 다시 퇴출하고 새롭게 역사를 기술하게 했다. 40년 넘게 정사의 위치를 차지해 온 저자들과 이를 지지하는 학자들은 크게 반발했고, 그 파동은 일파만파로 퍼졌다. 2002년은 구자라프 주에서 무슬림 학살이 일어난 해이다. 국민들은 수구 세력의 중심인 인도국민당이 '빛나는 인도'를 기치로 신자유주의 경제를 적극적으로 밀어붙여 수많은 노동자, 농민, 서민을 죽게 만들고, 구자라프 주에서 종교 공동체 분쟁을 주도해 수많은 무슬림을 학살한 것으로 판단해 그들을 지지하지 않았다. 결국 2004년 총선에서 인도국민당은 정권을 다시 회의당이 이끄는 통합진보연대에 내주었고, 그 회의당 주도의 정부가 인도국민당을 중심으로 하는 수구 세력의 교과서를 다시 개정해 '정상화'시켰다.

역사 교과서 논쟁은 학교 교육과 직결된다는 점에서 사회 정의와 관련된 문제이기도 하다. 우파는 힌두교 우월주의를 넘어 무슬림이나 기독교와 같은 다른 종교 공동체의 역사를 부인했다. 그들은 인도인을 오로지 힌두로만 간주했고, 무슬림이나 기독교인은 인도를 침략한 침략자의 자손들이므로 민족의 이름으로 배제해야 한다고 주장했다. 상당히 파시즘적인 이데올로기다. 이러한 역사 교육을 받은 사람들은 자연히 다원 사회를 부인하고 신성 국가를 주창하면서 종교 공동체 간의 사회 갈등을 야기한다. 그런데 민족의용단이나 의용단일가와 같은 수구 세력은 전국적으로 매우 탄탄한 조직을 갖추고 있는데다 민족주의 역사관에 대한 자부심이 강해 이러한 역사 교과서가 비非학문적인데도 전국의 많은 학교에서 채택되었다.

인도에서의 역사 교과서 논쟁은 우파 민족주의 정치 집단이 정권을 잡으면서 일으킨 정치적 사건이지만, 그 이전에도 이미 학계에서 활발한 논의가 있었다. 이런 점에서 한국에서 이명박 정권 이후 일어난 역사 교과서 파동 그리고 2015년을 뜨겁게 달군 역사 국정화 교과서 문제와는 그 성격이 다르다. 얼핏 보면, 역사 교과서가 집권을 위한 이데올로기의 도구가 되었다는 점에서 인도와 이명박·박근혜 정권의 경우가 비슷하게 보이지만, 그 수준과 정도는 상당히 다르다. 우선 인도의 경우 그 논쟁이 학계에서 이루어졌으나, 한국은 학문적 논쟁 없이 오로지 권력의 강압에 의해 문제가 제기됐다. 인도에선 나름대로의 역사관을 가진 보수 세력이 문제를 제기했다면, 한국의 사례는 역사관을 둘러싼 논쟁이 아닌 학문 외부의 강압적 폭력으로 봐야 한다. 인도에서의 역사 교과서 논쟁에는 중요한 기준이 있다. 좌파는 역사를 사회과학의 일환으로 보는 반면, 우파는 역사를 신화와 동일한 것, 즉 문학의 일부로 본다. 이는 고대 중국, 인도, 그리스 등의 역사학에서부터 근대 역사학을 거쳐 포스트모던 역사학에 이르기까지 하나로 정리될 수 없는 영원한 논쟁거리다. 인도에서의 역사 교과서 논쟁이 주로 고대사와 중세사 특히 신화와 역사 혹은 민족에 관한 것이었다는 사실은 이런 맥락에서 이해해야 한다. 우파 민족주의 세력은 과학적 역사관에서 그 동안 부정되어 온 힌두 신화의 라마Rama나 끄리슈나Krishna와 같은 신의 행적을 역사적 사실로 인정해야 한다고 주장했다. 신의 이야기가 역사에 편입되면 인도가 모든 면에서 세계 최고의 문명국으로 우뚝 서게되는 것이다. 그들은 세계 최고였던 인도 고대 문명이 무슬림, 기독교도 등과 같은 이민족들이 이 땅에 들어오면서 쇠퇴하기 시작했고, 그 과정에서 반목과 갈등이 생겨났다고 주장한다.

인도 역사 교과서 문제는 한국의 이명박 정부 시기 '교학사' 문제 그리고 박근혜 정부의 국정 교과서 문제와 직결된다. 우선 '교학사'와 국정 역사 교과서 문제를 보자. 두 나라 모두 역사학의 외피를 두르고 있지만 실제로는 정치의 문제다. 그런데 인도의 경우는 고대사와 신화 그리고 종교 등 역사학계에서 꾸준히 제기되어 온 문제가 해당 분야 전문가의 말과 글을 통해 제기되었다는 사실과 그 논쟁이 비록 정치 집단에 의해 부추겨지고 악용되었다할지라도 학문적 차원에서 전개되었다는 사실이 중요하다. 반면에 한국의 경우는 학문적 논쟁의 성격이 전혀 없고, 해당 분야의 전문 역사학자 또한 전혀 연루되지 않았다. 권력은 오로지 친일 행위와 독재 정권 미화에만 관심이 있었다. 따라서 한국의 경우는 인도와 같은 최소한의 전문성도 없고 그래서 권력적 방식 이외에 자발적으로 교과서를 집필하고 채택하는 조직을 갖추기란 불가능하다. 심지어는 국정 교과서를 집필할 전문가를 구하지 못해 집필진을 공개하지도 못한 채 교과서를 집필하는 편법을 서슴지 않는다. 인도같이 종교 공동체적 갈등이 심하고 수구 세력의 난동이 사회 곳곳에 퍼져 있는 나라에서조차도 시행하지 않는 국정화라는 반ᄌ민주주의적 시대착오의 행태가 한국에서 버젓이 일어나는 것을 보면 한국에서도 수구 세력의 난동을 접할 날이 그리 멀지 않았음을 짐작할 수 있다.

이 대목에서 '일베'와 관련해 조심스럽게 생각해 볼 것이 하나 있다. '일베'의 세계관은 기본적으로 여러 역사적 사건의 합리적 의미 부여에 대한 혐오다. 그들의 태도는 아무런 가치가 없으나 그들이 하는 사회적 행위는 매우 위험하다. 그것은 그들의 행동을 보수 수구 난동 세력이 뒷받침한다는 차원에서 그렇다. 현재까지 드러난 사실만 놓고 볼 때 국정원은 '일베'에서 매우 적극적으로 활동했고, 그 영향력은 매우 효율적으로 확대 재생산되었다. 인도에서 민족의용단과 의용단일가가 사회에서 물질적으로 소외당하고, 지식과 정보가 배제된 특정 소수 집단을 부추겨 그들을 행동 대원으로 조직하는 것과 같은 논리다. 특히 이명박–박근혜의 수구 세력이 역사 교과서 문제를 '일베'와 종편 차원에서 하나의 틀로 묶어 수구 난동 이데올로기로 키워나가는 모습을 보면 '일베' 키우기는 한국판 수구 난동 전위대를 양성하는 일과 같은 것으로 볼 수 있다. 그들은 치밀하고 끈질기다. 그런 자들을 키워내는 것이 역사 교과서다. 권력은 총구가 아니라 역사 교과서에서 나온다.

# 14

## 구자라뜨 무슬림 학살은
## 인도판 홀로코스트였다

1992년 아요디야 비극 이후 인도국민당의 권력은 계속 커져 갔다. 이는 힌두 수구 세력의 난동이 격화될 수 있음을 의미했다. 동시에 그것은 소수인 무슬림의 저항이 격화될 수 있다는 의미였다. 무슬림의 저항은 불특정 다수를 향한 테러였는데, 그 가운데 가장 큰 테러는 아요디야 사태 직후인 1993년 3월 12일, 인도 최대의 경제 중심지인 뭄바이에서 일어난 폭탄 테러다. 이날 뭄바이에서는 증권 거래소, 쇼핑센터, 공항, 시장, 호텔 등 유동 인구가 많은 열세 곳에서 동시에 폭탄이 터졌는데, 한번에 257명이 목숨을 잃고 1천400여 명이 부상당했다. 그렇지만 무슬림의 테러는 더 잔인한 힌두의 학살을 낳았다. 그 가운데 가장 끔찍한 사태는 2002년 2월 27일 인도 서부 구자라뜨 주의 작은 도시 고드라Godhra 역에서 화재 사건이 발생한 직후부터 짧게는 삼일, 길게는 한 달여 동안 벌어진 광란의 학살이다.

구자라뜨 학살은 느닷없이 발생했다. 2월 27일 역을 막 떠난 기차 안에서 원인을 알 수 없는 화재가 발생해 58명이 순식간에 불타 죽는 참극이 일어났다. 희생자 대부분은 여성과 어린아이들이었는데, 수구 난동 세력인 세계힌두회의 대원들이 아요디야를 다녀오는 길이었다. 기차가 고드라 역을 떠난 지 몇 분 되지 않아 무슬림 밀집 거주지에 비상 정지했는데, 이때 무슬림 군중이 몰려들어 돌을 던졌고 동시에 기차에서 불이 났다. 앞 뒤 출입문은 잠겨 있었고 안에 있던 58명이 불에 타죽었다. 사건 발생 당시 연방 정부와 주 정부의 여당이던 인도국민당이 구성한 조사위원회의 발표에 따르면 무슬림 폭도가 휘발유를 구입해 기차 바닥에 뿌리고 안에서 불을 질렀다고 한다. 조사위원회는 무슬림 폭도에 의한 방화 사건으로 규정했고, 그 가운데 죄질이 무거운 31명에게 유죄 판결이 내려졌다. 시민 단체는 조사 위원들이 뇌물을 받았다고 반발했으나, 제대로 된 조사는 이루어지지 않았다. 하지만 연방 정부의 여당이 바뀌면서 조사위원회가 다시 꾸려졌고, 결론은 전혀 다른 방향으로 흘러갔다. 방화가 아닌 식당 칸에서 또는 다른 우연한 원인으로 화재가 발생했고, 외부 폭도들의 난동은 우발적인 사건이라는 것이다. 그러나 지금까지도 기차가 왜 비상 정지했는지, 누가 외부 사람들을 선동하고 자극했는지, 화재는 어떻게 발생했는지 제대로 밝혀지지 않았다. 그리고 사건의 기획자로 많은 사람이 지목한 자는 다음 선거에서 압승해 주 수상이 되고 정치인으로 승승장구한다. 그가 2014년 인도 연방 정부 수상이 된 나렌드라 모디다. 진실은 밝혀진 바 없고 정치만 난무했다. 그리고 그 정치는 음모를 깔고 권력을 행사할 뿐이다.

1987년 한국의 대통령 선거에서는 전국 순회 유세가 폭력으로 물들며 대선의 초점이 지역주의로 순식간에 바뀌었다. 사건은 노태우 후보의 광주 유세에서 청중 일부가 지역감정을 조장하며 후보에게 돌을 던지자 이에 자극받은 상당수 시민이 폭력에 동참하면서 발생했다. 이 사건은 연일 방송에 보도됐고, 전국적인 지역감정에 불을 붙였다. 그 다음 날 대구 유세에서 김대중 후보는 수많은 시민의 보복성 돌팔매질을 당할 수밖에 없었고, 그후 지역감정 중심으로 흘러간 선거에서 노태우 후보가 최종 당선됐다. 그리고 몇 년 후 광주 유세장 폭력 사태는 안기부가 깡패들을 동원해 조작한 작품이었음이 만천하에 드러났다. 그러나 진실이 밝혀진다고 해서 그것이 만들어낸 지역감정이 함께 사라지는 것은 아니다. 이미 지역감정은 곪을 대로 곪아버렸고, 그 지역감정의 포로가 된 사람들에게 역사의 진실이란 무의미한 것이 되었을 뿐이다.

고드라 열차 사건의 경우 그것이 무슬림의 보복 방화 사건인지, 아니면 음모에 의한 고도의 정치 공작인지는 별로 중요하지 않다. 중요한 것은 그 사건 직후 세계힌두회의를 비롯한 수구 세력이 구자라뜨 지역의 무슬림 학살을 계획하고 집행했다는 사실이다. 그들은 아무런 법적 행정적 권한을 갖고 있지 않음에도 구자라뜨 전역에 철시Strike를 선포했다. 무법적 협박이었다. 대법원이 이를 불법으로 규정했지만 주 정부는 아무런 조치도 취하지 않았고, 지역 전체는 자연스럽게 철시되었다. 그들은 구자라뜨 주 집권 여당인 인도국민당의 공공연한 지원을 받으며 서서히 인간 사냥을 개시했다. 그들은 우선 고드라 열차 사건이 무슬림의 소행이라며 모든 무슬림을 남김없이 처단해야 한다고 떠들어대기 시작했다. 그리고 정부가 운영하는 방송사는 희생자 가족의 울분과 증오 그리고 애도를 담은 방송을 쉬지 않고 내보냈다. 누가 보더라도 폭동을 자극하는 방송이었다. 그 방송은 당시 연방 정부의 여당인 회의당(I)가 1984년 델리 시크 대학살을 자행할 때 인디라 간디의 죽음을 놓고 실행한 방식과 같은 것이었다. 더불어 밑도 끝도 없이 무슬림들이 힌두 여성을 집단 강간한다는 소문이 퍼졌다. 소문은 고드라를 넘어 삽시간에 구자라뜨 주 전역에 퍼졌다.

당시 주 수상이던 모디는 방송은 물론 군중의 움직임을 전혀 제재하지 않았다. 오히려 힌두를 자극하기 시작했다. 모디는 아무엇도 밝혀지지 않은 상황인데도 테러리스트가 고드라 열차에 불을 질렀고, 우리의 형제가 모두 불타 죽었다고 선동했다. 누가 듣더라도 무슬림이 힌두를 테러했다고밖에 생각할 수 없었다. 그리고 하루가 지나자 무슬림에 대한 원한이 고드라를 출발해 구자라뜨 전역으로 퍼졌는데, 특히 구자라뜨 주도인 아흐메다바드 Ahmedabad에서는 학살 난동이 한 달 동안 벌어졌다. 힌두 수구 세력의 색깔인 황토색 옷을 입고 힌두 전통 칼과 도끼, 활과 몽둥이 등으로 무장한 폭도들이 아침부터 규칙적으로 각 시내 전역에 배치되었다. 수백 명이 한 집단을 이뤘는데, 그 집단은 상부의 지령에 따라 체계적으로 움직였다. 그들은 먼저 집에 돌을 던지고 석유를 뿌린 후 불화살을 날려 불을 질렀다.

경찰이 진압을 시작한 후 경찰이 사살한 사람 또한 모두 무슬림이었다. 그 결과 셀 수 없이 많은 무슬림이 힌두 수구 세력의 난동에 쓰러졌다. 사망자가 적게는 천여 명에서 많게는 5천 명에 달했다. 칼에 찔려 죽거나 불에 타 죽은 사람의 대부분은 현장에서 알라를 욕하라거나 힌두 신을 찬양하라는 요구를 받았고, 난동 세력은 그러고 나서 칼로 목을 베거나 휘발유를 뿌리고 불을 붙였다. 강간당하거나 젖가슴과 생식기가 도려내진 채 발견된 여성의 시체가 셀 수 없이 많았고, 사지가 절단된 어린이 수 또한 집계가 제대로 되지 않을 정도였다. 어른들이 어린 남자 아이들에게 여성을 강간하는 방법을 현장에서 가르쳐 주기도 했고, 인도의 종교 공동체 간 폭력 갈등의 역사에서 처음으로 여성이 적극적으로 폭동에 참여하기도 했다. 인간이 상상할 수 있는 모든 종류의 죄악이 이곳에서 저질러졌다. 식민주의가 나쁘고 전쟁이 나쁘다 한들 2002년 인도 구자라뜨 무슬림 학살보다 더 나쁠 순 없다.

고드라 열차 사고가 우발적으로 일어난 화재 사건인지 아니면 누군가에 의해 치밀하게 계획되었는지 정확하게 알 수는 없다. 다만 분명한 것은 그 사건 이후 힌두 수구 세력이 즉시 구자라뜨 전역에서 계획적으로 난동질을 했다는 것이다. 난동은 무슬림 상가와 섬유 공장을 집중 파괴하는 방식으로 이루어졌다. 우발적으로 일어났다면, 그렇게 정교하고 치밀하게 무슬림 경제 기반을 약탈하고 마비시킬 수는 없었다. 사전에 치밀하게 각본이 짜였고 누군가 지휘했음이 틀림없다. 원래 구자라뜨는 상당수의 섬유 공장을 소유한 무슬림이 경제 산업계의 큰손으로 군림하는 지역이었다. 그래서 힌두와 무슬림 간 경제적 갈등이 심한 곳이었고, 오래 전부터 이것이 종교 공동체 갈등이라는 외피를 두르고 폭발하곤 했다.

집단 폭력은 그 폭력을 행사하는 자의 배후가 정권과 직접적이고 강력하게 결탁되어 있고 폭력의 주체가 다음에도 정권이 교체되지 않는다고 확신할 때 발생한다. 따라서 권력은 집단 폭력을 행사하는 난동자들에게 권력이 건재함을 보여주는 행사를 수

시로 열게 된다. 구자라뜨 학살 난동을 일으킨 모디 정권은 어떤 수를 써서라도 차기 선거에서 재선해야 했고, 그래서 그들은 대규모 집회를 열어 끊임없이 대중을 선동했다. 2006년 구자라뜨의 의용단일가는 선거를 한 해 앞두고 250헥타르에 이르는 대규모 행사장에 힌두교 목욕 의례 시설 22개를 만들어 100만 명에 가까운 대중을 동원했다. 그들은 의례를 통해 힌두 공동체 의식을 고취하면서 정치적 세를 과시했는데, 이때 기독교에 대한 적대화도 물론 포함되었다. 그들에게 종교를 정치 이데올로기로 만드는 것보다 효과적인 선거 운동은 없다. 대중은 이러한 집단주의에 쉽게 환호하고 현혹되는 법이다. 결국 2007년 선거에서 구자라뜨는 학살자 모디를 다시 선택했다. 수구 난동은 인민 스스로가 선택한 결과다.

구자라뜨 폭동은 전형적인 인종 청소 형태의 학살이다. 기획한 것은 주 정부였고, 실행한 것은 공무원과 경찰 그리고 수구 난동 세력이었다. 영화감독 라케시 샤르마Rakesh Sharma는 2003년 제작한 다큐멘터리의 제목을 〈최종 해결Final Solution〉이라고 지었다. '최종 해결'이란 나치가 제2차 세계대전 중 체계적인 학살을 통해 지구상에서 유대인을 절멸시키려 수립한 계획안의 이름이다. 명백하게 나치가 유대인 학살을 자행한 홀로코스트Holocaust에 비견한 것이다. 샤르마 감독의 이 영화는 힌두의 학살을 피해 고향을 떠난 무슬림이 임시 정착한 난민 캠프를 유대인 게토에 비유하고, 힌두 수구 세력이 무슬림을 인도에서 모조리 쓸어 없애버려야 한다고 논의하는 모습을 보여줌으로써 이 사건이 단순한 종교 공동체 갈등을 넘어 나치의 홀로코스트형 인종 청소라는 점을 확인시켜 준다. 수구 세력은 이제 무슬림은 이 나라 국민이 될 수 없고, 따라서 이 나라 안에 무슬림이 살 공간을 주어서는 안 된다는 주장을 서슴지 않는다. 이것은 나치가 10년 동안 유대인 차별·탄압·분리·학살 등을 단계별로 실시하면서 마치 유대인 '문제'를 해결하려고 노력하는 듯한 레토릭을 구사한 것과 유사하다. 나치 인종 청소 담론의 명백한 차용이다.

다만 나치가 학살을 강제 수용소와 가스실에서 은밀히 자행했다면, 인도의 수구 난동 세력은 텔레비전으로 중계방송이 되는 가운데 대낮 길거리에서 보란 듯이 저질렀다는 점이 다를 뿐이다. 사건이 발생한 지 10년이 넘은 지금, 당시 주 수상이던 나렌드라 모디는 연방 정부 수상의 위치에 있다. 구자라뜨 사건 이후 힌두 종교 공동체주의에 기반한 정치에서 모든 기준은 '우리' 힌두로 통합되었고, 그 안에는 빈부의 격차도, 노동의 조건도, 시민의 양심도 존재하지 않았다. 구자라뜨 주에서는 경제 발전을 위해 개인의 희생이 필요하다는 주 수상 모디의 요청에 따라 주민들이 묵묵히 희생했고, 그 결과 구자라뜨 주의 거시 경제 지표는 빠른 속도로 성장했다. 그리고 모디의 인기는 구자라뜨를 넘어 전국으로 확산되었다. 그리고 마침내 2014년 총선에서 1996

년 이래로 자취를 감추었던 절대 다수의 집권 여당이 탄생했다. '도살자' 모디와 인도국민당은 더 이상 연립 정부를 구성할 필요가 없는 강력한 정부를 만들었다. 학살을 조장하고 공무원과 경찰에게 학살 지령을 내렸다는 죄목으로 기소된 모디는 2012년 대법원에서 증거 불충분으로 무죄 판결을 받았다. 무슬림 진영과 시민 인권 단체는 대법원의 판결에 일제히 반발했다. 하지만 2014년 치러진 총선에서 인도국민당은 승리했고, 모디 심판은 국민에 의해 중지되어 버렸다.

그런데 그보다 더 의미 있는 사실이 하나 있다. 비록 2014년 총선에서 권력은 인도국민당에 넘어갔지만, 구자라뜨 학살 사건 직후 치러진 2004년 총선과 그 후 2009년 총선에서 회의당(I)가 승리해 난동의 진실을 규명하는 과업을 추진할 수 있었다. 그 시기 동안 국내외 언론, 시민 단체, 그리고 인도의 국가인권위원회 등이 양심적이고 헌신적으로 진실을 드러내려 노력하지 않았다면, 학살극의 책임자를 한 명도 처벌하지 못한 채 사건이 묻혔을 것이다. 마치 한국의 5.18 광주 학살 사건과 관련해 아직도 법적으로 진실을 규명하지 못하고, 전두환을 발포 책임자로 처벌하지 못한 것과 같은 일이다. 2004년과 2009년 총선에서 회의당(I)으로 정권 교체가 되지 않고 인도국민당이 계속 집권했다면, 난동 세력은 아무도 처벌받지 않았을 뿐만 아니라 학살 난동이 일상사가 되었을 것이다. 시간이 흐르면 무슬림을 겨눴던 칼끝이 공산당원, 불가촉천민, 기독교인, 시민운동가 등에게로 향했을 것이다. 하지만 지금은 그러한 난동이 일단락된 상태다. 2014년 총선에서도 모디와 인도국민당은 종교 감정을 조장하는 수법을 사용하지 않았고, 집권 이후 2년 동안 공동체주의에 입각한 과거의 수구적 행태는 보이지 않고 있다. 모두 학살 뒤에 국민에 의한 선거 심판이 있었기 때문이다. 난동이란 배후 권력이 바뀌지 않는다는 확신이 설 때 일어나고, 그것을 저지르는 수구 세력은 항상 새로운 상대를 찾아 나선다. 하지만 권력이 바뀔 가능성이 보이면 수구 난동 세력은 더 이상 판을 키우지도, 새로운 먹이를 찾지도 못한다. 한국에서 야당이 2016년 총선과 2017년 대선에서 집권하지 못한다면, 수구 난동 세력이 판을 키우고 먹이를 찾아나서는 일이 점점 더 피부에 닿는 문제로 다가올 것이다.

# 15

# 인도국민당의 기반은
# 종교 공동체주의 폭력이다

2013년 인도에서는 아주 이질적으로 보이는 두 사건이 비슷한 시기에 일어났다. 하나는 인도 사회의 고질적 문제인 종교 공동체주의적 폭력 사태이고 다른 하나는 인도 주식 시장의 주가 지수가 오랜만에 큰 폭으로 상승한 것이다. 이 두 사건은 하나의 정치 세력, 바로 인도국민당과 관련되어 있었다.

2013년 8월 27일 인도에서 가장 인구가 많은 웃따르 쁘라데시 주의 무자파르나가르 지역Muzaffarnagar District에서 힌두교도들과 무슬림 사이에 폭력 충돌이 발생했다. 처음 이 사건은 무슬림과 힌두 청년들 사이의 살인 사건으로 시작했지만, 인도국민당의 지역 간부들이 정치 사건으로 키우기 위해 종교 감정을 자극했고, 당시 집권당이던 사회주의당Samajwadi Party은 집권 기간의 실정을 감추기 위해 여론을 돌리는 방편으로 삼아 사태를 진정시키는 노력을 하지 않았다. 사태는 불가촉천민 중심의 당인 대중사회당과 인도국민당의 지역 당원들이 개입해 각각 집회를 열고 대중을 선동하면서 대규모 폭력 사태로 발전했다. 그러면서 폭행, 살인, 집단 성폭행이 연이어 발생했다. 인도국민당의 지역 간부인 상기뜨 솜Sangeet Som은 힌두 청년이 무슬림 폭도들에 의해 잔인하게 살해당하는 것처럼 보이는 조작 영상을 SNS를 통해 퍼뜨리고 선동 연설을 했다. 또한 대중사회당과 인도국민당 그리고 그 외 군소 지역 정당들이 주 정부 해산을 요구했고, 이에 이 사건은 완전한 정치적 문제로 확대되었다. 심지어 당시 구자라뜨 주 수상이자 인도국민당의 유력한 수상 후보이던 모디는 구자라뜨에서 2명의 무슬림을 살해한 혐의를 받고 있는 최측근 아미뜨 샤Amit Shah를 웃따르 쁘라데시의 인도국민당 책임자로 내려 보내 무슬림들을 자극했다. 그러면서 경찰이 상기뜨 솜을 체포하자 이미 종교 공동체 문제로 자극을 받은 힌두 주민들의 항의가 잇달았고, 대규모 시위로 이어졌다. 이 시위는 사회주의당 정부에 의해 인도국민당과 지지자들이 표적 탄압을 받고 있다는 식의 선동으로 더 격화됐고, 무슬림에 대한 폭력 양상을 띠기도 했다. 결국 사태는 악화되어 한 달 이상 진행되다가 9월 말에 군대가 투입되고

서야 진정되었다. 사건의 결과 52명이 사망하고 93명이 부상했으며 1천 명 이상이 체포됐다. 5만 명 이상이 거주지를 떠나 피난해야 했고, 그중 일부는 아직 난민 캠프에 남아 있다.

선거를 앞둔 인도국민당이 인도에선 흔하다 할 수 있는 힌두와 무슬림 공동체 간의 충돌을 정치 문제로 비화시키기 위해 자극한 폭력은 걷잡을 수 없이 커졌고, 결국 인도국민당은 선거에서 승리했다. 우리가 이 사건에 주목해야 할 이유가 여기에 있다. 이 사건은 그 다음 해인 2014년 4~5월에 치러진 인도 총선 결과에까지 영향을 끼쳤다. 인도에서 인구가 가장 많은 주인 웃따르 쁘라데시는 힌두 종교 공동체주의에 다시 한번 감염되었고, 그 결과 바로 이어진 주 의회 선거와 다음해 총선에서 인도국민당이 몰표를 받았다. 현재 연방 정부의 집권 여당인 인도국민당의 선거 전략의 기반은 종교 공동체 간의 폭력에 뿌리내리고 있다는 사실을 잘 알 수 있는 사건이다.

이 사건이 벌어진 후 치러진 주 의회 선거에서 인도국민당은 북부, 중부의 네 개 주인 라자스탄Rajasthan, 마디야 쁘라데시 Madhya Pradesh, 찻띠스가르Chattisgarh 그리고 델리Delhi에서 회의당 (I)를 누르고 압승을 거두었다. 그 결과 이 네 개 주의 전체 의석에서 인도국민당이 차지하는 비율이 50%에서 69%로 상승했다. 국회의원 수로 환산하면 30석 정도의 증가를 기대할 수 있는 수치였다. 하지만 인도국민당이 주도하는 정치 연합인 민족민주연합National Democratic Alliance 전체로 보면 세력이 약화되고 있고 민족민주연합을 구성했던 군소 정당들도 여럿 이탈했다. 그래서 민족민주연합이 2014년 총선에서 집권하기 위해서는 인도국민당이 200석 이상을 얻어야 한다는 분석이 나왔고, 그에 대한 대비책이 힌두 벨트라 불리는 북인도에 집중적으로 퍼졌다. 바로 종교 공동체주의에 의거한 집단 갈등 자극이었다.

총선 결과는 예상보다 더 큰 압승이었다. 2014년 1월 인도국민당 최고 지도부는 이번 총선에서 272석을 얻는 것이 목표라고 공언했다. 그러나 결과는 그보다 훨씬 큰 282석의 차지였다. 웃따르 쁘라데시 주는 인도 국회Lok Sabha 의석 수 545석(이 중 543석은 선거로 나머지 2석은 대통령 지명으로 뽑는다) 가운데 가장 많은 80개의 의석을 가진 주로 마하라슈트라Maharashtra 48석, 비하르Bihar 40석과 함께 인도 총선의 승자를 가르는 중요한 역할을 한다. 인도국민당이 이 두 주에서 영향력 확대를 위해 전력을 기울인 이유가 바로 여기에 있고, 2014년 총선에서 당선된 현 수상인 인도국민당의 모디 후보는 이 지역에서 압승했다. 인도국민당은 모디 후보가 지역구로 삼은 바라나시가 속해 있는 웃따르 쁘라데시 주 전체 의석 80석 가운데 71석을 차지했고, 비하르 주에서 22석을 차지했다. 모디는 기존의 구자라뜨의 바도다라 외에 웃따르 쁘라데시의 힌두교 성지인 보수 도시 바라나시를 지역구로 추가 선택 출마해 두 군데에서 모두 당선되었다. 모디가 바라나시로

나가 웃따르 쁘라데시와 비하르에서 성공적으로 바람을 몬 것이 2014년 총선의 가장 큰 성공 전략 가운데 하나로 평가된다.

1990년대 인도국민당의 전성기에는 힌두뜨와 물결이 최고조였지만, 현재는 극단적인 종교 공동체주의에 대한 거부감이 인도 전역에서 공감대를 형성하고 있다. 인도국민당은 새로운 전략을 모색하고 있다. 하지만 자신들의 가장 중요한 정체성인 힌두 보수주의를 완전히 벗어버리는 일은 결코 없을 것이고 부분적으로 종교 공동체주의적 폭력을 선거에 악용하려는 시도 또한 포기하지 않을 것이다. 2014년 총선에서 인도국민당의 전통적 지지 기반인 마디야 쁘라데시, 구자라뜨, 라자스탄, 차티스가르에서도 모디의 종교 공동체주의에 의존한 강성 이미지는 지지층을 결집시켰다. 웃따르 쁘라데시에서 인도국민당은 무자파르나가르 사건으로 만들어진 종교 공동체주의적 정서의 고양을 라마 사원 건설 운동 등을 통해 적극적으로 확산시켜 총선에 이용했다. 그리고 대대적인 성공을 거두었다. 모디의 경제 발전 신화와 힌두 종교 공동체주의의 합작 선거였던 셈이다.

앞서 언급한 네 개 주에서의 인도국민당 승리가 발표된 날 인도의 종합주가지수인 센섹스SENSEX는 1.57% 오른 21,326.42를 기록했고 루피화 가치도 미 달러화 대비 0.5% 올라 2013년 8월 이후 최고 수준을 회복했다. 2013년 5월 이후 미국의 양적 완화 축소에 따른 경제적 피해를 가장 많이 받으리라 예상되는 5개

국가Fragile5의 하나로 지목되었고, 다시 세 나라가 추가된 위험국가 명단Edge8에도 이름을 올린 인도의 금융 시장은 몇 개월 동안 극심하게 변동했다. 그런데 이날 발표된 인도 4개 지역 지방의회 선거에서 인도국민당이 압승을 거두고 인도국민당으로의 정권 교체 가능성이 높아지면서 주식과 환율 모두 급격한 호조를 띤 것이다. 지난번 집권 이래로 인도국민당은 신자유주의적 경제 정책을 전면 시행, 지지해왔다. 특히 금융 자유화, 외자 유치 확대, 경제 전반의 규제 축소와 시장화를 지속해서 주장해 왔던 것이 금융 시장의 반응으로 나타난 것이다.

인도국민당의 총선 승리는 나렌드라 모디의 승리다. 그의 정치적 이력은 인도국민당의 노선을 상징적으로 보여준다. 그는 2002년 구자라뜨 학살에 상당한 책임이 있는 인물이다. 그래서 힌두 보수주의 세력으로부터 큰 지지를 받고 있다. 이런 점에서는 모디의 정치적 스승이라 할 수 있는 인도국민당의 원로 아드바니L. K. Advani와 닮았다. 사실 아드바니야말로 인도국민당의 전신인 인도국민단Bharatiya Jana Sangh을 설립하고 종교 공동체주의의 정치 세력화를 시작한 무케르지Shyama Prasad Mookerjee의 계승자라고 할 수 있다. 무케르지는 국민회의의 일원이었고, 독립 후 네루 정권에서 장관을 지내기도 했다. 그러나 파키스탄에 대한 강경 입장과 힌두 중심주의적 성향으로 인해 파키스탄과 관계 개선을 시도하던 네루와 결별해 인도국민단을 설립했다. 그는 네루의 세속주의에 반대해 종교 공동체주의적 경향의 정치화를 시도했고 동시에 네루식 계획 경제를 자유 시장 경제로 전환해야 한다고 주장했다.

　인도국민당의 정치적 세력이 급격히 성장하는 데는 두 번의 계기가 있었는데, 두 번 모두 격렬한 종교 공동체주의적 폭력 사태였다. 1980년대에서 90년대까지 아드바니는 힌두교도들의 순례 행사인 라트 야뜨라를 이끌었다. 이 행사는 유사 고고학적 근거를 토대로 무갈 제국의 유적인 이슬람교 성지가 원래는 힌두교의 성지였다고 주장하면서 이슬람교와 힌두교 간의 갈등을 고조시켰다. 결국 종교 간 갈등은 1992년 아요디야 사건으로 폭발했다. 아드바니는 종교 공동체주의를 인도국민당에 대한 정치적 지지로 연결시키는 전략을 자리 잡게 만들었다. 인도국민당은 아요디야 사건을 이용해 급성장해서 1996년 총선에서는 다수당이 되었고, 1999년에는 정식으로 집권당이 되어 5년 임기를 채웠다. 1990년 이후의 수많은 종교 공동체주의적 폭력의 배후에는 아드바니가 있었다고 해도 과언이 아니다. 그러나 강성 이미지가 인도 전체를 대표하는 수상에 적합하지 않다는 이유로 1998년 인도국민당의 집권 때에 바즈빠이A. B. Vajpayee에게 수상 자리를 양보해야 했다.

　두 번째 계기는 구자라뜨 사태다. 2002년 구자라뜨 주에서 성지 순례를 다녀오던 힌두교도들이 탄 열차에 화재가 발생해 수십

명이 사망한 사건이 일어났다. 이슬람교도들이 계획적으로 일으킨 사건이라는 소문이 퍼지면서 힌두교도들이 무슬림들을 공격해 천 명 이상의 사망자가 발생했다. 하지만 구자라뜨 주 정부는 오히려 사태의 악화를 조장해 선거에 이용하려 했다. 이때의 주지사가 바로 모디다. 종교 공동체주의라는 보수적 이데올로기로 지지를 얻는다는 점에서 모디는 아드바니와 마찬가지지만, 구자라뜨 주에서의 신자유주의적 경제 개혁으로 경제 성장을 이뤄낸 인물이라는 현대적 이미지를 덧씌우는 데 성공했다. 인도국민당이 모디를 수상 후보로 발표한 2013년 9월부터 12월까지 센섹스 지수는 8%나 올랐다. 2013년 9월 이후 4조8천 억 루피의 해외 투자가 이루어졌는데, 금융 기관들에서는 외국 투자자들이 모디가 수상이 되면 대담한 경제적 개혁 조치가 시행될 것이라 기대해 투자한 것으로 분석하기도 했다. 모디의 이런 이미지에 대해 구자라뜨 주에서 경제적 불평등이 증가한 점, 모디 집권 기간 구자라뜨의 경제 성장이 다른 여러 주들보다 결코 높지 않았다는 점을 들어 부정적으로 평가하는 목소리도 적지 않다. 그러나 정치에서 이미지는 팩트보다 강한 힘을 가지지 않는가?

인도국민당은 힌두 전통의 순수성을 지켜야 한다며 폭력을 불사하고 대중을 선동하는 폐쇄적이고 복고적인 정치 세력이다. 하지만 인도국민당의 전통적 지지 기반의 다른 한 축은 경제 정책의 직접적 수혜자인 대자본가들과 도시의 중산층들이다. 이런 사실은 얼핏 보기에 어울리지 않는 조합으로 보일 수도 있다. 바즈빠이 정권 동안의 노골적인 신자유주의 경제 정책의 수혜를 받아 성장한 자본가, 중산층 집단은 여전히 인도국민당을 지지하고 있다. 이들은 1, 2기 통합진보연합 정권이 시행한 경제 민주화적 정책들(이에 대해서는 선거에서 표를 얻기 위한 정치적 제스처 수준에 지나지 않는다는 비판이 많다)을 인도국민당이 재집권해 무력화시키기를 원했다.

농촌의 가난한 농민들을 동원하는 종교 공동체주의의 복고적, 국수주의적 구호와 현대적 대도시의 자본가, 중산층이 제기하는 신자유주의적이고 노골적인 경제적 이익에 대한 요구는 어울리지 않는 것으로 보일 수도 있다. 하지만 이 둘 모두가 인도국민당의 정치적 힘의 원천이다. 따라서 상반되는 것처럼 보이는 이 두 지향은 근본에서는 같은 것이어야 한다. 이것이 어떻게 가능한가? 인도국민당은 자본가, 중산층에게는 실질적이고 경제적인 이익을 줌으로써 그들의 지지를 유지한다. 반면 가난한 힌두 농민들에게는 종교적 편향성, 적대적 감정 폭발의 기회를 제공하는데, 이것이 가상에 불과한 것임은 너무나 명백하다. 즉 종교 공동체주의의 심화는 인도의 가난한 농민들의 삶에 어떤 실질적 향상도 가져다주지 않는다. 결국 인도국민당의 정치 노선은 자본가와 도시 중산층의 경제적 이익을 위해 가난한 힌두교도들을 기만적으로 동원하는 노선이라 볼 수 있을 것이다. 앞서 언급한 아요디야, 구자라프 사건에서 불가촉천민들이 앞장서서 물리적 폭력을 행사했다는 사실은 많은 것을 생각하게 한다. 지배 계급이 만들어놓은 비참한 현실에 대한 불만을 가난한 피지배 민중끼리의 증오와 폭력으로 분출하도록 부추기는 정치가 계급 사회에서 항상 있어온 것이다. 증오와 폭력과 기만의 계급 정치의 가장 날것인 형태를 2014년 인도 총선에서도 목격했다.

# 16

## 종교 공동체주의는
## 어떻게 정치를 지배하는가?

2014년 총선을 앞두고 나렌드라 모디가 인도국민당의 수상 후보
가 되었을 당시 한동안 잠잠하던 종교 공동체주의적 정치가 다시
기승을 부릴지 모른다는 우려가 확산됐다. 회의당 총재인 소냐
간디는 인도국민당의 지도부들을 '민족의용단의 노예들'이라고
부르며 종교 공동체주의에 대한 거부감을 인도국민당 반대 정서
로 연결하려 애쓰기도 했다. 이렇게 선거 때만 되면 인도국민당
과 민족의용단의 관계가 대중의 관심사가 된다. 인도에서 종교
공동체주의를 부추기는 수구 집단 중 가장 대표적인 단체가 민족
의용단이다. 인도국민당의 종교 공동체주의적 지향도 민족의용

단에 기원을 두고 있다. 여기선 민족의용단과 인도국민당의 관계를 짚어보려 한다.

이 두 집단의 관계에 대해서는 여러 가지 견해가 있다. 한편에서는 민족의용단과 인도국민당의 관계를 아버지와 아들, 멘토와 멘티, 대형Big Brother과 동생 등으로 묘사한다. 또 바즈빠이 수상의 인도국민당 정부 이래로 민족의용단과 인도국민당의 관계가 소원해졌고 종교 공동체주의에 대한 거부감 때문에 집권을 노리는 인도국민당이 종교 공동체주의로 선회하지는 않을 것이라고 보는 시각도 있었다. 총선 후 첫 일 년은 실제로 그렇게 흘렀다. 정작 민족의용단은 자신들은 문화 단체에 불과하며 정치와는 관련이 없고 인도국민당과는 조언을 주고받는 수준일 뿐이라고 주장한다. 하지만 간디 암살 이후 역사적으로 세 번에 걸쳐 활동이 금지되었던 민족의용단을 그들의 주장대로 문화 단체라고 생각하는 인도인은 아무도 없을 것이다. 그리고 인도국민당이 민족의용단의 최종 결정을 뒤집을 만큼의 자율성을 가지고 있는지에 대해서도 회의적으로 보는 시각이 많다.

민족의용단은 설립된 1920년대부터 문화 단체를 표방했지만 정치적 영향력 행사 의도를 결코 숨기지 않았다. 민족의용단의 출발 자체가 1920년대 하층 카스트의 사회적 상승 욕구에 직면한 상층 카스트와 지주 연합 세력의 대응이었다. 초기 민족의용단의 이데올로기는 불가촉천민 운동을 주도했던 암베드까르

B. R. Ambedkar가 달리트 운동을 이끌며 평등을 주장한 데 맞서 카스트에게는 고유하게 배당된 몫이 있다고 한 노골적인 차별이었다. 즉 처음부터 카스트 정치를 목적으로 생겨난 것이다. 이때의 이데올로기는 약간의 변형만을 거쳐 지금도 인도 정치에서 되풀이되고 있다. 그들이 자신들을 비정치적 단체라 선언한 것도 자의에 의한 것이 아니었다. 민족의용단의 정관 4조 b항은 민족의용단이 정치가 아니라 "순수하게 문화적인 일에 몰두한다"라고 명문화하고 있다. 이 조항은 1949년에 만들어진 것이다. 1948년 간디 암살 사건을 계기로 세속주의 노선을 걷던 네루 수상은 민족의용단의 활동을 금지시킨다. 민족의용단이 활동 재개를 계속 요청하자 당시 내무부 장관이었던 파텔이 이 정관을 조건으로 1949년 민족의용단 활동 금지 조치를 해제해 준 것이다.

이때의 정관이 민족의용단의 정치 활동을 실제로 약화시키지는 못했다. 오히려 자신들의 노선을 실행할 제도 내의 정치 조직이 더욱 필요하다고 판단했다. 민족의용단은 1954년부터 선전 요원을 양성하는 정치 훈련 캠프를 운영했다. 그들은 이렇게 양성된 선전 요원들로 인도국민당의 전신인 국민단國民團(Jana Sangh)을 통제하려 했다. 민족의용단은 자체의 정치적 활동은 부인하지만 의용단원들이 정당에 가입하는 것은 허용한다. 민족의용단은 지금도 이런 방식으로 인도국민당을 비롯한 여러 정치 조직에 자신들의 대리인을 파견한다. 이들을 통해 민족의용단의 제도 정치 조직에 대한 통제가 작동한다. 바즈빠이, 아드바니, 나렌드라 모디와 같은 힌두 우익의 대표적 정치인들이 모두 선전 요원으로 활동한 경력이 있다. 민족의용단이 과거 국민단에 가했던 통제는 아주 노골적이어서 민족의용단의 노선에 충실하지 않은 국민단의 대표들은 민족의용단의 공개적인 명령으로 당에서 축출되기도 했다. 정치로부터 손을 떼겠다는 1949년의 약속은 공공연하게 무시되었다.

세속주의자 네루와 그 후계자 인디라 간디 정권 초기까지만 해도 종교 공동체주의가 인도 정치 전체를 뒤흔들 힘이 없었다. 인디라 간디가 자신의 정치적 입지를 위해 파키스탄과 전쟁을 불사한 이후인 1977년에도 회의당을 물리치고 최초로 정권 교체에 성공한 자나따 달 Janata Dal 연합 정부는 민족의용단과 거리를 두었기 때문에 집권할 수 있었다. 1996년 인도국민당은 당시 총선에서 회의당을 꺾고 여러 군소 정당과 연합해 집권에 성공했다. 그러나 연정에 참여한 정당들의 이탈로 13일간만 권력을 유지하는 데 그쳤다. 실제 이유는 각 당들의 정치적 이해득실 때문이었지만 표면상으로 내세운 핑계는 인도국민당의 지나친 종교 공동체주의적 성향이었다. 그 이후 다른 당들은 인도국민당과의 연합 조건으로 민족의용단과의 거리 두기와 이념적 유연성을 요구하는 경우가 많아졌다. 그 요구를 어느 정도는 수용했기에 인도국민당은 1999년 마침내 재집권에 성공했고 임기를 채울

수 있었다. 심지어 노골적인 종교 공동체주의 열광을 등에 업고 1999~2004년에 단독 집권했을 때에도 공식적으로는 민족의용단과 거리를 두어야 했다. 이때 수상이었던 바즈빠이는 민족의용단이 주도하는 라마 사원 건립 운동을 불허했다.

하지만 겉으로 드러난 말과 몇 가지 행동만 보고 판단하는 것은 섣부르다. 인도국민당 내에서 활동하는 민족의용단 활동가들은 겉으로는 간디식 사회주의를 표방한다. 하지만 이는 가장일 뿐이고 언제든 라마 숭배라는 본색을 드러낼 준비가 되어 있다. 민족의용단이 정치에 노골적으로 개입한 사례도 반대 사례보다 더 많다. 1999년 민족의용단은 자신들에게 더 충성하는 인물로 재무부 장관을 교체하라고 요구해 관철시켰다. 바즈빠이 수상은 집권 당시 미국을 방문해 한 연설에서 민족의용단에 대한 충성을 드러내기도 했다. 2005년에는 당시 민족의용단의 대표였던 수다르샨K. S. Sudarshan이 어느 텔레비전 프로그램에 나와 바즈빠이와 당의 대표적 인물인 아드바니가 이제 더 젊은 지도자들에게 자리를 내줘야 한다고 말했다. 그러자 당내에서 절대적 권력을 행사했던 두 사람은 일거에 힘을 잃었다. 특히 아드바니는 2005년 파키스탄을 방문했을 때 파키스탄 건국의 아버지 진나에 대해 우호적인 연설을 했다가 인도국민당 대표직에서 물러나야 했다. 이후 아드바니는 재기해 2009년 선거에서 인도국민당의 수상 후보로 나서기도 했다. 하지만 여기서도 패하자 민족의용단의 새로운 대표가 된 바그와뜨Bhagwat는 아드바니의 책임을 물어 물러나 게 했다.

인도국민당에 대한 민족의용단의 영향력이 다시 커진 것은 2004, 2009년 선거에서 인도국민당이 연달아 패배했기 때문이 다. 민족의용단은 인도국민당이 집권 기간 도덕적으로 타락했고 선거 패배는 그 대가라고 주장했다. 그들은 정치적 승리는 사회 적, 문화적 분위기의 결과물이고 인도국민당의 선거 승리나 실패 는 민족의용단이 자신들의 종교 공동체주의적 이데올로기가 받 아들여질 만한 문화적 분위기를 형성하느냐에 달려 있다고 말한 다. "우리의 문화가 우리의 정치가 될 것이다"라고 그들은 당당 하게 주장한다. 2014년 총선에도 민족의용단은 인도국민당을 위 해 노골적으로 정치에 개입했다. 2013년 나렌드라 모디가 인도 국민당의 선거대책위원장과 수상 후보에 연이어 지명된 것은 민 족의용단의 인도국민당 지배를 부인할 최소한의 가식마저 포기 한 증거다. 2014년 총선에서 모디에게 인도국민당의 수상 후보 자리를 맡긴 사람도 바그와뜨라는 데 큰 이견은 없다. 2013년 3 월 인도국민당은 모디를 당의 최고 의사 결정 기구인 의회위원회 Parliamentary Board 및 중앙선거대책위원회Central Election Committee 의 위원으로, 또 6월에는 중앙선거대책위원회의 위원장으로 임 명했다. 그러자 당의 원로로 명맥을 유지하고 있던 아드바니가 모든 직위를 사퇴하겠다며 모디 임명에 반대하고 나섰다. 이때

바그와뜨가 개입해 모디의 임명을 밀어붙였다. 그는 아드바니에게 당 의회위원회의 결정을 존중하라고 공개적으로 권유했다. 사람들은 표현은 정중했지만 사실상의 아드바니 해임 명령으로 받아들였다. 모디는 도대체 어떤 정치인이기에 민족의용단의 적극적인 지지를 받은 것일까?

그는 1950년 구자라뜨 주에서 대대로 식료품상을 하던 중하층 카스트 집안에서 태어났고 어린 시절부터 힌두교 신앙심이 깊어 한때 수도승을 꿈꾸기도 했다. 모디가 10대 후반일 때 홍차 장사를 했는데 가게의 단골이었던 민족의용단 간부의 영향으로 하부 청년 조직에 가입했고 곧 선전 요원이 되었다. 1987년에 모디는 민족의용단의 명령으로 인도국민당 구자라뜨 주 본부에 파견되어 조직 담당 비서로 일하게 된다. 이 일은 모디가 향후 민족의용단과 관계를 긴밀하게 유지할 좋은 기회를 제공해 주었다. 모디는 같은 민족의용단 선전 요원 출신이던 바즈빠이와 긴밀한 관계를 맺었다. 1998년 수상이 된 바즈빠이는 모디를 전국 조직 담당 비서로 임명했다. 이 자리는 민족의용단과 인도국민당을 연결하는 자리로 알려져 있다. 이후 모디는 극우적 언사로 정치적 유명세를 얻는다. 구자라뜨 학살을 부추긴 것은 물론이고 1999년 까르길 전쟁Kargil War에서 파키스탄과의 평화 협상이 실패로 돌아가자 기자회견에서 '파키스탄에 비리야니Biryani(무슬림들이 먹는 볶음밥) 대신 총탄과 폭탄을 대접할 것이다'라고 대답해 호전성을 과시했다.

2014년 1월 나렌드라 모디는 한 대중 집회에서 자신의 출신 카스트를 공개적으로 천명했다. 이런 일은 주지사나 중앙 정부 수상을 노리는 거물급 정치인들은 잘 하지 않는 일이다. 작은 규모 선거구에 출마한 정치인이라면 출신 카스트의 지지를 등에 업고 당선을 노려볼 수 있겠지만, 다수 대중을 상대로 하려면 특정 카스트가 아닌 힌두 전체를 포괄해야 하기 때문이다. 그런데 모디의 이날 발언과 그가 쓴 책은 민족의용단이 행하는 힌두뜨와 정치의 중요한 작동 방식을 잘 보여준다. 모디는 청소 일을 세습하는 불가촉천민인 발미끼Valmiki 카스트의 예를 든다. "그들은 신이 부여한 이 일(청소)을 전체 사회의 행복과 신을 위해 해야 할 의무가 있다. 세대를 이어가며 말이다. 그리고 이는 내적인 정신 활동이다." 언뜻 카스트 차별을 노골적으로 지지하는 듯한 말로 들리지만, 사실은 모든 카스트가 이런 식으로 신이 부여한 일을 함으로써 힌두 전체의 조화로운 통일을 이룰 수 있다고 강조하는 발언이다. 모디의 발언은 힌두뜨와 정치의 양면성을 잘 보여준 것이다. 조화로운 통일을 위한 차별이라는 자기모순의 정치다.

모디의 말에서 알 수 있듯이 힌두뜨와 정치는 본질적으로는 다른 카스트들이 엄격하게 규정된 지위에 자리해야 한다는 카스트 피라미드에 근거한 이데올로기다. 이것이 그들의 진짜 생각이다. 그러나 하층 카스트 민중을 동원하기 위해서는 단일한 힌두 정체성을 강조한다. 그래서 명목상으로는 카스트 간의 엄격한 차별과 위계를 드러내지 않으려 한다. 지위가 낮은 카스트 소속의 민중이 자신들의 카스트 정체성보다 힌두 정체성을 더 우선시하도록 만드는 것이 힌두뜨와 정치의 힘의 원천이다. 1980년대 이후 불가촉천민들과 여타 후진 계급Other Backward Classes(불가촉천민을 카스트로 지정해 여러 차원의 보상을 주는 제도가 마련되면서 그들 바로 윗 카스트인 슈드라를 중심으로 낙후된 계급들이 자신들에게도 보상 쿼터를 달라고 주장하면서 붙여진 카테고리)에 대한 유보 제도가 확대되자 민족의용단은 이로 인해 자신들의 아이들이 마땅히 누려야 할 몫을 빼앗겼다고 느꼈다. 처음에는 달리뜨, 여타 후진 계급을 상대로 폭력적 행동을 자행했지만, 곧 이데올로기적 포장으로 전환했다. 이것이 라마 사원 건설 운동이 시작된 동기다. 이 운동을 통해 민족의용단은 달리뜨들을 힌두뜨와 정치 안으로 포섭해 종교 간 갈등의 최전선에 배치했다. 힌두 정체성이 카스트 정체성보다 우선시되면 종교 공동체주의에 근거한 계급 배반의 정치가 작동한다. 무자파르나가르 사건을 봐도 이러한 현상은 잘 드러난다. 사건이 발생하기 전에는 지역의 자뜨Jat 카스트와 무슬림 간에는 하층의 소수 집단이라는 연대 의식이 존재했었다. 그러나 종교 공동체주의자들의 선동으로 힌두 정체성을 강조하면서 이 연대는 깨졌다. 즉 계급 간 연대를 종교적 적대로 대체시킨 것이다.

민족의용단의 이데올로기는 실제로는 카스트 간 차별을 유지하면서 말로만 카스트 간의 조화(평등이 아니라)를 이야기한다. 하지만 그렇다고 힌두 정체성에 본질적인 카스트 간 위계가 발생시키는 사회적 압력이 감소되지는 않는다. 하층 카스트들은 카스트 위계에서 발생한 분노를 무슬림을 향해 발산한다. 이것이 종교 공동체적 폭력이고 하나의 힌두라는 이데올로기가 그 폭력을 정당화한다. 이렇게 힌두뜨와 정치는 카스트 문제에 대한 기만적 대응으로 대중을 정치적으로 동원한다.

2014년 총선에선 20여 년 동안 가장 강력한 선거 무기로 기능해왔던 종교 공동체주의가 그렇게 압도적인 영향을 끼치지는 않았다. 모디와 인도국민당은 경제 발전이라는 키워드를 가지고 선거를 치렀고 대성공을 거두었다. 모디가 수상이 된 이후에 의용단일가에서 종교 공동체적 정치를 하도록 모디를 유인했지만, 모디는 종교 공동체주의를 이용하지 않고 있다. 종교 공동체주의에 입각한 민족주의 대신 강력한 국가를 앞세운 민족주의로 바꾸어 가는 중이다. 하지만 이러한 추세가 다음 선거에서도 계속 이어질지는 아무도 장담할 수 없다. 그들은 대세가 된 이후에는 굳이 종교 공동체주의에 입각한 사회 갈등을 야기할 필요를 못 느끼지만, 자신들의 세력이 약화되거나 선거에서 패할 위기감을 느낄 경우에는 언제라도 전가의 보도처럼 종교 공동체주의라는 카드를 꺼낼 것이다. 한국에서 새누리당이 선거를 앞두고 항상 종북 프레임을 작동하는 것과 같은 맥락이다. 수구 세력은 자신들이 유리할 때는 국가주의로, 불리할 때는 분단을 이용한 적대적 민족주의로 간다. 인도나 한국이나 동일하다.

# 17

## '반듯한 나라'는 폭력 위에 선다

세상 어디에도 자살을 권하는 종교는 없다. 힌두교 또한 다른 종교와 마찬가지다. 그런데 힌두 사회에서 자살을 장려하고 그 전통을 보존하려 애쓰는 경우가 있다. 바로 남편이 죽으면 아내가 따라 죽는 힌두식 순장인 사띠Sati다. 세상의 주목을 크게 받은 예는 1987년 9월 4일, 시집 온 지 갓 일곱 달밖에 되지 않은 루쁘 깐와르Roop Kanwar라는 18세 여성이 사띠로 목숨을 잃은 사건이다. 라자스탄 주의 수도인 자이뿌르 시에서 80킬로미터 정도밖에 떨어지지 않은 곳에서 일어난 사건이다. 힌두 사회에서 자살이 장려되고 합리화되는 또 하나의 사례로 자살 특공대가 있다. 물론

후자는 최근에 만들어진 현상이고 널리 지지받지는 못하지만, 그 합리화의 논리적 맥락이 주목된다. 2008년 마하라슈뜨라에 기반을 둔 극우 힌두 정당인 쉬브 세나Shiv Sena('쉬바지의 군대'라는 뜻. '쉬바지'는 영국이 인도를 침략했을 때 가장 강력히 저항한 이 지역 토호국의 지도자. 현재 인도의 집권 여당인 인도국민당과 연대 관계인 극우 정당)의 대표인 발 타끄레이Bal Thakeray는 인도에서 이슬람의 테러 위협에 대응하기 위해 자살 특공대를 조직한다고 했다. 이 두 가지 자살이 논리적으로 허용되고 상당한 지지를 받는 이유는 무엇일까?

1987년 9월 4일 델리와 자이뿌르 사이에 있는 작은 마을 데오랄라Deorala에서 18세의 젊은 과부 루쁘 깐와르가 24세의 남편 말 싱Mal Singh이 죽은 다음날 화장용 장작더미에 올랐다. 그런데 목격자들의 증언에 의하면 루쁘 깐와르는 자발적으로 사띠를 행하지 않았다. 대부분의 마을 사람이 남편의 가족이 그녀를 마취시켰다고 증언했다. 또 불길이 타오른 후 그녀가 빠져나오지 못하도록 무장 경호원들이 장작더미 주위를 지켰으며, 실제로 그녀가 빠져나오려 하자 최소 세 차례 이상 몽둥이로 때려 다시 밀어 넣었다고 말했다. 애초 라자스탄 주 정부가 그 자리에 모이는 것조차 허용하지 않는다고 했으나, 사띠는 꿋꿋이 거행되었다. 그 후 경찰이 루쁘 깐와르의 시동생이 장작더미에 불을 붙인 것을 확인해 그에게 살인죄를 적용하는 등 가족의 남성 구성원들을 구속했으나 결국 모두 석방되었다. 끝내 아무도 처벌받지 않았다. 이 사건 이후 언론과 여성계에서는 사띠의 금지뿐만 아니라 사띠 행위를 찬양하고 미화하는 행위조차 법으로 금지해야 한다는 주장이 팽배했다. 하지만 이 지역과 전국에서 모인 수구 세력은 사띠 찬양 축제를 열었다. 이 지역에선 사띠를 지지하는 여론이 반대 여론보다 월등히 높았다. 사띠를 행한 자리는 힌두교의 성지가 되었고, 이어 순례의 대상이 되었다. 그리고 어린 과부 루쁘 깐와르는 힌두교의 여신이 되었다.

사띠가 지지를 받는 이유는 사람들이 그것을 사회의 가치 수호의 방편으로 믿기 때문이다. 이런 분위기는 의용단일가 소속 단체가 적극 조성한 것인데, 대표적인 단체가 전통법수호협회 Dharma Raksha Samiti다. 처음 사건이 일어난 후 여성 인권 단체들이 3천 명을 모아 사띠 항의 집회를 열자 이의 맞불 차원에서 전통법수호협회가 라자스탄 고등법원의 집회 금지 명령에도 아랑곳하지 않고 여러 여성 우익 단체를 비롯한 7만 명의 군중을 동원해 지지 시위를 벌였다. 이 일에 우익 정당도 굵직한 역할을 했다. 나중에 집권 여당으로 발돋움하지만, 당시만 해도 세력 확장을 위해 보수 수구 이데올로기 전파에 발버둥치던 우익 정당인 인도국민당은 군중 동원에 적극적으로 나섰다. 그런데 그때까지 야당의 도전다운 도전을 받아본 적이 없던 집권 여당인 회의당 정부는 어정쩡한 자세를 취했다. 수상 라지브 간디는 표면적으로는 사띠와 사띠 찬양을 반대했지만, 군중을 적극적으로 제지하지 않은 채 머뭇거렸다. 그 지역 우익 정당 세력은 라지브 간디 수상의 이러한 태도조차도 극렬하게 비판했다. 그리고 그 비판은 항상 종교를 정치로 끌어들이는 차원에서 이루어졌다. 그들은 라지브 간디에 대해 "아버지는 파르시교도이고, 아내는 이탈리아 사람인 반<sup>反</sup> 힌두 인사가 우리의 힌두교를 모독한다"고 했다. 아무런 논리도 없고 실체도 없는 오로지 종교 감정을 부추기기 위한 선동이었는데, 여기에 많은 국민이 호응했다. 1980년대 말 인도 정국은 이미 휘발성이 강한 대기로 가득 차 있었다.

그들의 논리에 따르면 힌두는 전통법과 모국과 여성을 존중하는데, 모국과 여성이라는 두 여성성을 이어주는 것이 전통법, 즉 종교다. '우리들의 종교'를 위해 여성이 희생하는 아름다운 미풍양속은 수호되어야 한다는 것이다. 힌두 복고주의자들의 열렬한 지지를 받은 이 전략은 향후 인도 정치가 종교와 급속도로 연계되면서 종교 공동체주의가 정치의 전면에 나타나는 또 하나의 계기로 작용했다. 그러다 보니 전통법을 수호하는 행위는 폭력이든, 전쟁이든, 자살이든 그 어떠한 방편도 개의치 않았다. 불교에서 해탈을 이루기 위해 죽을 때까지 곡기를 끊는다거나 전생에 붓다가 자비를 베풀기 위해 굶주린 호랑이에게 몸을 던져 그 먹이가 되었다는 것과 동일한 논리다. 1947년 분단 공간에서 마하뜨마 간디를 민족의용단이 암살한 것도 살인을 통한 힌두 전통법 수호의 일환이고, 이 사건 이후 1992년 아요디야에서 벌어진 바브리 마스지드 파괴 또한 폭력을 통한 전통법의 수호로 널리 받아들여진다. 2000년 디파 메흐따 감독의 영화 〈워터〉가 갠지스 강을 모독했다 하여 의용단일가 단원들이 단체로 갠지스 강에 투신자살하겠다고 협박하면서 영화 촬영을 저지한 것 또한 전통법 수호를 위한 행위에는 폭력적인지의 여부가 전혀 관계없음을 보여주는 것이다. 사띠라는 명백한 자살이 종교 안에서 정당한 행위로 권고되는 것은 바로 이런 맥락에서다.

이제 수호 대상으로서의 전통법은 자연스럽게 국가로 해석된다. 이는 비단 인도에서만의 일은 아니다. 전통법을 지키는 존재가 과거 전통 사회에서는 카스트 체계였지만, 이제는 국가나 민족으로 인식되기 때문이다. 힌두교가 민족이나 국가를 위해 자살 방조를 넘어 자살을 권고하는 종교로 변할 수 있는 이치가 바로 여기에 있다. 이러한 사회사적 맥락에서 볼 때 쉬브 세나의 자살 특공대 조직 사건은 어렵지 않게 이해할 수 있다. 쉬브 세나는 마하라슈뜨라 지역에 기반을 두고 힌두교의 정치 이데올로기인 힌두뜨와를 이념으로 하는 지역 극우 정당이다. 쉬브 세나의 타끄레이는 힌두뜨와를 교묘하게 반이슬람 폭력 이데올로기로 만들어 힌두 자살 특공대를 조직했다.

쉬브 세나의 당 학생위원회는 "그래, 우리는 테러리스트다. 국가를 보호하는 것이 테러리즘이고, 국가를 팔아먹는 자를 응징하는 것이 테러리즘이라면, 우리는 테러리스트를 마다하지 않겠다. 조국과 종교를 비난하는 자에게 폭탄 세례를 퍼붓는 것이 테러리즘이고, 적들에게 테러로 대처하는 것이 테러리즘이라면 우리는 테러리스트임을 자랑스럽게 느낀다"라고 일갈했다. 그들에게 폭력은 그 자체로 문제가 되는 것이 아니다. 타끄레이의 자살 특공대 조직에 대한 발언은 2006년 뭄바이에서 발생한 무슬림에 의한 열차 연속 폭탄 테러 이후에 시작됐다. 타끄레이는 "이슬람 테러가 갈수록 격화되고 있는데, 이를 이겨낼 방법은 힌두 테러를 키워 맞불을 놓는 것밖에 없다. 힌두 자살 특공대를 조직해야 하는 이유는 바로 여기에 있다"고 천명했다. 그는 무슬림 테러리스트로부터 힌두 국가를 수호하기 위해 이슬람권의 알카에다와 유사한 조직을 만들어야 한다고 했다. 그리고 그의 주장을 예비역 육군 중령 자얏뜨 라오 찌딸레Jayant Rao Chitale가 받아들여 실제 특공대 조직으로 진전되었다. 그는 당시 수상이자 연합 세력인 인도국민당 대표 바즈빠이와 대통령 깔람Abdul Kalam에게 국가 수호를 위해 자살 특공대를 조직해야 한다고 몇 차례 진정했으나 그에 대한 답변이 오지 않아 자기 스스로 조직을 만들었다고 밝혔다.

쉬브 세나의 논리 위에서 실제로 자살 특공대를 조직했다고 주장하는 또 다른 극우 힌두 조직으로 람 세나Ram Sena(라마의 군대)가 있다. 람 세나는 2006년 마하라슈뜨라의 말레가온Malegaon 폭발 테러에서 39명의 희생자를 낸 혐의를 받고 있다. 이 조직을 세운 쁘라모드 무탈리끄Pramod Muthalik는 경찰이 마하라슈뜨라에 존재하는 여러 무슬림 테러리스트 조직을 적발하고 처벌하는 일을 하지 않기 때문에 자신들이 나서서 그 일을 대행할 뿐이라고 주장한다. 무탈리끄는 2009년 1월 24일 망갈로르Mangalore에서 한 서구식 주점을 습격해 그곳에서 유튜브를 시청하던 여성들을 무차별 폭행했다. 또 2008년 인도의 저명한 화가 후세인M.F. Hussain의 전시회를 난장판으로 만들기도 했다. 후세인이 바라따 마따(어머니 인도) 여신을 누드로 그리는 등 힌두교를 모욕했기 때문이라는 것이다. 그뿐만 아니라 그들은 패션쇼나 밸런타인데이 행사장을 공격하기도 했는데, 이 또한 힌두 고유의 전통 문화를 모욕했다는 이유에서였다. 심지어 그들은 사회주의당은 불가촉천민의 권익 보호를 목표로 정치를 하는 불가촉천민의 정당이기 때문에 힌두 사회의 근간인 카스트 체계를 뒤흔드는 단체라고 주장하면서 폭력을 행사했다. 그들은 라슈뜨라 락샤 세나Rashtra Raksha Sena라는 이름의 국가 수호군을 창설하여 700명의 대원을 확보했다고 주장하지만 실체는 확인할 수 없다. 그러나 거창한 이름의 군대나 특공대원이 아니더라도 백주에 폭력을 행사하는 파시스트의 실체는 분명히 있다.

인도에서 자살이나 자살 특공대와 같이 도저히 용인될 수 없는 반사회적 행위가 전통법, 종교, 민족, 국가의 이름으로 용인되거나 강요되고 이제는 그것을 넘어 마음껏 활개를 치고 있다. 이는 인도판 '반듯한 나라' 세우기로, 상대방을 '반듯하지 않은' 것으로 몰아세워 그에 대한 폭력을 용인하는 것이다. 한국에서는 그 '반듯한 나라'가 국가 개조라는 언어로 쓰인다. 수구 세력 자체가 개조의 대상이건만, 그들은 그 언어를 정치적으로 사용함으로써 스스로의 위치를 대상에서 주체로 바꿔 버렸다. 이는 정치가 비합리적 이데올로기에 좌지우지당하는 후진적 상태에 머물고 있기 때문이다. 그들은 자신들의 폭력이나 테러리즘을 밀어주는 세력이 다시 집권할 것으로 보거나 이미 판단력을 잃은 보수 우중愚衆이 든든한 배경이 되어 줄 것이라 믿고 그런 일을 저지른다.

이런 어처구니없는 부조리가 사방을 빙벽처럼 쌓고 있는 모순은 비단 인도에서만 일어나는 일이 아니다. 한국에서도 퇴역 군인 수구 집단이 백주에 권총을 빼들고 성당 앞 마당에서 난동을 부린 일까지 있었다. 군복을 입고, 무기를 들고, 민간인을 협박하는 등 실정법에 어긋나는 행동을 벌여도 정부 여당은 아무런 규제도 하지 않는다. 그들은 여성은 여성답게 아이를 많이 낳고, 학생은 학생답게 공부나 하고, 노동자는 노동자답게 하라는 일이나 열심히 하라고 당당히 주장한다. 그것이 그들이 말하는 반듯한 사회다. 이러한 현상은 단순한 작은 병리 현상이 아니다. 정권이 바뀌지 않는다는 강한 확신이 있으면 그들은 더욱 큰 수구 난동 세력으로 성장할 것이다. 그 어떠한 명분을 잃더라도 정권 교체를 이뤄야 하는 이유는 바로 여기에 있다. 그들이 권력을 내주지 않을 것이라는 확신을 공유하면 부정 선거를 넘어 더한 일도 서슴지 않을 것이다. 백주 테러는 그 가운데 하나다. 사회가 수구화된다는 것은 사회가 '반듯'해진다는 의미가 아니라, 전통 사회에서 통용되던 부조리의 모순이 세상을 이끌어가는 이치로 작동한다는 것이다. 그 안에 여성, 젊은이, 소수자가 설 자리는 없다.

# 18

# 여성 전사여,
# 힌두 사회를 수호하라

라지브 간디 전 수상은 1991년 암살당했다. 그의 어머니인 인디라 간디가 자신의 초병에게 총격을 당해 죽은 지 불과 10년도 되지 않아 스리랑카 평화유지군 파병에 앙심을 품은 타밀 반군의 자살 폭탄 테러로 희생된 충격적 사건이었다. 자살 폭탄 테러로 전 수상이 암살당한 것도 그렇지만, 처음으로 힌두 여성이 자살 폭탄 테러를 감행했다는 사실이 가히 충격적이었다. 그 후 의용단일가에서 활동하는 힌두 여성 전사를 자주 접할 수 있었다. 그들은 노골적으로 테러를 말하고, 그 행위에 앞장서기도 한다. 여성의 폭력 사용을 상상하기조차 힘든 힌두 세계에서 이런 일이 생긴 것은 도대체 어찌된 영문인가?

그 시작은 반영 민족주의 의식을 힌두교에서 찾는 힌두 근본주의 이데올로기인 힌두뜨와에서 찾을 수 있다. 그들은 영국 제국주의자들이 가져온 근대화와 이슬람이 힌두 전통 가치를 크게 훼손시켰다고 믿는 사람들이었다. 그래서 힌두의 전통 가치를 탄탄히 재구축하고 그 위에서 통일된 하나의 민족 국가를 건설해야 한다고 믿었고, 그 차원에서 힌두의 가치 또한 자신들이 말하는 민족주의 위에서 하나의 정치 사회 이데올로기로 통합되어야 한다고 주장했다. 힌두 여성의 위치와 역할도 그 맥락 안에서 규정되었다. 식민 지배와 함께 들어온 빅토리아 시기 영국인들의 규정인 정숙한 숙녀와 반대되는 개념을 만들어 힌두 민족을 낳고 키운 문명의 전수자이자 제국주의라는 악마와 싸워 물리치는 전사로서의 여성상을 발전시켰다. 전자는 힌두교에서 인도라는 나라가 여신으로 묘사되는 '어머니 인도'의 의미로, 후자는 대중에게 널리 퍼진 악마를 물리치는 깔리Kali, 두르가Durga와 같은 여신의 모습으로 투사되었다.

하지만 전사로서의 여성의 역할은 독립 쟁취의 여정에서는 그리 크게 강조되지 않았다. 오히려 독립한 후 힌두와 무슬림 공동체의 갈등이 본격적으로 불거지는 1990년대부터 부각됐다. 그것은 상상으로 만들어진 여성의 역할이 반식민 민족 운동보다 반이슬람 종교 공동체 운동에서 훨씬 더 자극적으로 먹혀들 수 있었기 때문이다. 어차피 여성 전사의 개념은 왜곡이고, 자극이며, 선동이기 때문에 '우리'와 '적'의 이분적 적대감이 훨씬 큰 종교 공동체 갈등에 더 잘 활용될 수 있다. 이러한 맥락에서 1990년대부터 힌두 수구 세력은 여성 전사의 역할을 세계화 반대와 결부시켰다. 과도한 소비 향락, 자유로운 성性 문화, 핵가족의 성장과 이혼 증가, 카스트 체계의 쇠퇴, 달리뜨의 사회 지위 향상, 인권 의식의 팽배 등으로 발생한 가족의 해체를 막기 위해서는 힌두 고유의 정신문화 —이 또한 상상으로 만들어진 것이다— 를 보존하고 후세에 전수하는 일에 여성이 적극적으로 나서야 한다는 주장이다. 그래서 여성이 앞장서서 힌두 고유의 전통 가치를 파괴하는 이슬람 세력을 응징해야 하고, 그러한 가치를 전파하는 세속적 정부를 전복해야 한다는 것이다. 넓게 보면 인도를 여성화한 영국 식 민주의에 저항해 인도를 남성화하는 힌두 민족주의의 전유 방식이다. 힌두 여성 전사는 남성화된 힌두 민족주의를 이루는 짝패의 한 부분이다.

이러한 사고는 도시 중산층 사이에서 널리 공유된다. 배운 사람이 민족과 문화를 생각하고 가진 사람이 그 가치 보존의 필요성을 주장하는 것이지, 못 배우고 못 가진 사람이 나서서 그런 일을 하지는 않는다. 그렇지만 배우고 가진 사람들의 영향력은 시간이 갈수록 사회 전반에 널리 퍼진다. 그런데 그러한 이데올로기를 행동에 옮기는 사람들은 주로 못 배우고 못 가진 사람들이다. 민족의용단, 세계힌두협회, 쉬브 세나 등 의용단일가에 속한 단체와 정당이 도시 중산층에 기반을 두면서 그 행동 대원은 농촌이나 산악 지대의 부족민에서 동원하는 것이 바로 그 모습이다. 행동 대원들은 의용단일가의 몇몇 여성 전사 양성 단체로 배속되어 요가와 호신술을 배우고, 사격 훈련을 한다. 그러면서 그들은 성화에 등장해 무기를 들고 악마를 무찌르는 힌두 여신 두르가의 모습에서 자신의 모습을 본다. 그리고 가족들은 그런 여성 전사를 가문의 영광으로 느낀다. 불평등한 힌두 사회에서 배운 사람, 가진 사람, 높은 사람들에게 인정받는 삶을 살아보지 못한 이들의 심정을 교묘하게 이용하는 수구 세력의 교활함이 드러난다. 결국 신화 속 여신에서 자신의 모습을 찾는 여성 전사는 독립적인 사회적 지위를 갖지 못하고, 남성과 국가와 종교에 더욱 종속된다.

여성 전사가 갖추어야 할 이미지는 영락없이 힌두 신화 속 여신의 재현이다. 여신은 사자나 호랑이를 타고 창, 칼, 곤봉 등을 휘두르며 악마를 물리치는 존재다. 혼란과 도탄에 빠진 우주의 조화가 다시 제자리를 찾는 것은 순전히 여신의 무한 능력 덕분이다. 실제로 민족의용단은 힌두교 여신의 모습을 차용해 팔수여신八手女神의 개념까지 만들었다. 그리고 여신의 이름을 따 두르가 바히니Durga Vahini, 즉 '(악마를 무찌르는 힌두 여신) 두르가의 종僕'이라는 여성 전사 집단을 의용단일가 안에 조직했다. 두르가는 적을 무찌르는 절대 지존이기 때문에 힌두 민족을 지키는 여성 전사는 그를 따라 막강한 힘이 있어야 한다. 하지만 이와 동시에 여성 전사는 단순히 적과 싸우는 막강한 힘의 소유자를 넘어 힌두 민족을 낳고, 키우고, 보존하는 주체로 해석된다. 그래서 힌두 여성은 순결하고, 정숙해야 하며, 남성의 육체적 공격으로부터 스스로를 지켜야 한다. 그래서 남성을 유혹하는 옷차림이나 화장 등을 절대 해서는 안 된다. 그들은 오로지 힌두 종교와 민족을 위해 몸과 마음을 다 바치는 존재여야 한다. 그들이 미인 대회나 밸런타인데이를 비난하고 외국 여성을 테러하는 이유는 바로 그러한 문화가 자신들의 고유문화를 훼손하고 변질시켜 모욕을 준다는 것을 널리 알리기 위해서다.

이러한 '어머니 힌두'를 만드는 과정을 통해 적과 피 흘리는 싸움을 마다하지 않고 자신의 목숨을 초개같이 버려 힌두 공동체의 전통 질서를 되찾기 위해 헌신하는 '여성 전사'에게 최고의 영광이 돌아간다. 그는 개인과 가족의 삶을 버리고 힌두 종교 공동체와 힌두 민족 공동체를 위해 앞장서고 자신을 희생하는 존재여야 한다. 여기에서 세속적 국가란 아무런 의미가 없다. 그들에게는 오로지 종교 공동체만이 의미가 있다. 마찬가지로 마하뜨마 간디의 비폭력주의도 아무런 가치가 없다. 그것은 청산이 배제된 사랑으로, 힌두교의 일부에 지나지 않은 비폭력에 편집되어 있는 정신 나간 짓일 뿐이다. 그들은 이렇게 말한다. "종교를 위해 목숨을 바쳐라. 그리고 너의 죽음을 통해 모든 것을 다 죽여라. 그 안에 너의 승리가 있고 정당한 통치가 있다." 그리고 또 이렇게 말한다. "적(무슬림)의 여성을 강간하라. 그것은 적에게 모욕을 주고, 사기를 떨어뜨려 승리를 거두기 위해서다." 여성이 강간의 표적이 되는 것은 여성은 문화를 보전하고 전수하는 존재로 이해하기 때문이다. 그래서 그들이 폭력 갈등을 벌일 때 항상 적의 여성을 강간 —가능하면 더욱 집단적으로, 공개적으로, 그리고 그 표식을 남기는 방식으로— 하는 것이 우선해야 하는 행동이고, 역으로 자신의 여성 구성원이 적에게 강간당하지 않도록 하는 것이다. 여성 전사가 반드시 호신술을 익혀야 하는 이유도 바로 이 강간의 무기 때문이다.

인도 최대의 도시인 뭄바이는 힌두와 무슬림 간의 종교 공동체 폭력 갈등이 가장 자주 터지는 곳으로도 악명이 높다. 그리고 그 중심에는 쉬브 세나가 있다. 쉬브 세나는 초기인 1970년대에는 마하라슈뜨라 지역 민족주의 세력이었으나 90년대 이후 인도국민당보다 더 과격한 힌두 공동체주의로 변신했다. 그들은 1989년 이래 뭄바이 시 정부를 맡아 왔는데, 현재는 2014년 12월 선거에 의해 인도국민당과 연립 정권을 형성하고 있다. 이런 정치적 상황에서 뭄바이에서 의용단일가에 속한 많은 수구 세력이 강력한 기반을 잡고 있는 것은 당연한 현상이다. 1992년 아요디야와 2002년 구자라뜨 사태에서 무슬림 학살이 자행될 때 여성 행동 대원들이 조직적으로 참여했다는 것은 여러 목격자들의 증언에 의해 사실로 확인됐다. 즉 1990년대 이전과 달리 1992년 이후로는 여성들이 직접 폭력을 행사하기 시작했다는 것이다.

이러한 현상은 힌두 수구 세력이 끊임없이 전통 힌두교 안에서 여성 전사의 이미지를 발명해내고, 그것을 이슬람이라는 악마로 상정된 적과 결부시키며 적대감을 키우는 작업을 해왔기 때문에 가능했다. 힌두 여성 전사의 폭력 행위가 가장 적극적으로 드러난 경우는 서두에서 언급한 타밀 반군(타밀민족해방호랑이LTTE)의 사례다. 그것은 타밀이 스리랑카의 핍박을 받으면서 힌두 종교와 민족을 지키기 위한 싸움을 가장 치열하게 전개한 지역이기 때문일 것이다. 그런데 이제는 타밀 지역 이외에서도 이런 여성 전사의 폭력이 두드러지기 시작했다. 아직 남성처럼 적극적인 난동을 저지르지는 않지만, 점차 역할을 넓혀가고 있다. 그러다 보면 그들이 공공연하게 말해온 것처럼 이슬람 알카에다와 같은 여성 자살 행동 대원이 나올 날도 머지않은 것 같다.

이것은 '우리'와 '적'이라는 이분법적 세계관에 기초한 두 이데올로기인 민족주의와 힌두교가 만나면서 나타나는 현상이다. 그 둘이 만나는 지점에선 항상 민족과 민족을 지키는 자가 여성으로 상상된다. 그리고 어머니의 희생은 폭력과 결부되고, 그것은 곧 여성 테러리스트의 등장으로 연결된다. 인도의 경우만 해도 인도−파키스탄 분단 때나 2002년 구자라트 대학살 때에 가장 큰 피해를 본 것은 여성이었다. 그것은 문화를 양육하고 보존하는 역할을 하는 여성을 폭행하는 것이 적에게 공포심을 심어주며 그 집단을 모욕하는 가장 효과적인 방법이라고 여겼기 때문이다. 그래서 적의 여성을 강간하고, 윤간하고, 음부를 도려내는 천인공노할 패악질을 자행한 것이다. 그러한 만행은 힌두교나 이슬람교라는 종교의 본래적 성격과 관계없다. 권력을 쟁취하기 위한 수단으로써 전통적인 사회적 약자로 핍박받는 여성을 이용하는 남성 기득권자들의 소행이다. 여성 전사가 등장한 것도 그들이 자신들의 문화를 수호하는 것이야말로 어머니로서 여성이 감당할 몫이라고 생각하기 때문이다. 결국 같은 맥락이다.

종교와 민족주의가 극적으로 만나는 일이 발생하지 않은 (혹은 그렇게 되기 어려운) 한국 사회에서 이런 일은 쉽게 일어나지 않을 것이다. 하지만 표현은 달라도 비슷한 맥락의 전조가 어렴풋이 보이는 듯하다. 그것은 사회적인 소외감과 자식 세대에 배신감을 느끼는 주변부 노인들이 자유주의와 진보에 대해 가지는 격한 저항감과 같은 것이다. 그들은 노년의 삶에 대한 불안감을 젊은 세대에게 투사하는 전략을 쓰는 수구 세력에게 쉽게 감화된다. 그리고 이는 상당히 폭력적인 문화로 표출된다. 현재로서는 단순한 세대 갈등 정도로 치부할 수 있겠지만, 근본적으로 치유하지 않으면 더 큰 사회적 폭력으로 비화될 수도 있을 것이다. 한국에서도 수구 세력은 보통 사람이 상상하기 힘든 일을 저지르는 자들이기 때문이다.

# 19

## 성폭력의 정치학

성폭력은 인도 수구 집단의 논리와 사고방식이 가장 야만적으로 표현되는 현상이다. 성폭력을 저지르는 가해자들의 행위와 태도 뿐만 아니라 성폭력 문제에 대응하는 방식을 통해서도 인도 수구 세력의 생각은 잘 드러난다. 2012년 12월 인도 수도 델리에서 23세 여대생이 남성 6명에게 집단 강간과 폭행을 당해 병원 치료 13일 만에 사망한 사건이 일어났다. 인도뿐만 아니라 한국을 포함한 전 세계에 알려진 이 사건으로 여성에 대한 폭력이라는 인도 사회의 고질적인 문제가 다시 한번 논란의 대상이 되었고, 지금도 논란이 이어지고 있다. 아무리 충격적인 사건이 터져도 이

내 잠잠해지고 낡은 관행 속으로 되돌아갔던 과거와는 분명히 다른 상황이다. 하지만 낙관적이지만도 않다. 〈살인의 추억〉이란 영화에서 "여기가 강간의 왕국이야?"라는 송강호의 대사처럼 한 외신은 "인도는 강간의 수도Capital인가?"라는 도발적인 제목을 달기도 했다. 하지만 어느 누구도 이 제목에 이의를 제기하기 힘들 정도로 인도의 성폭력 문제는 심각하다. 사실 공식적인 통계만 보면 인도의 성폭력 건수는 다른 나라들에 비해 상당히 낮다. 그러나 전문가들은 보고되지 않은 사건이 훨씬 더 많을 것으로 추정한다. 1990년에서 2008년 사이에 강간 사건은 두 배로 증가했다. 전문가들은 강간 사건의 실제 증가가 아닌 신고의 증가를 그 원인으로 본다.

국제 인권 단체인 휴먼라이트워치Human Rights Watch도 신고되는 강간 사건은 빙산의 일각에 불과하다고 지적한다. 휴먼라이트워치에 의하면 많은 피해 여성이 신고를 꺼리는 가장 큰 이유는 오히려 피해자가 비난받는 낙인 효과 때문이다. 사건을 피해자의 행실이나 처신 탓으로 돌리고, 가족이나 촌락의 명예를 더럽혔다고 비난하는(심지어 '명예 살인'의 피해자가 되기도 한다) 분위기로 인해 피해자는 강간 사건 이후에 오히려 더 큰 고통을 받는 경우가 많다. 강간 사건을 신고해도 경찰이나 병원에서 무시하고 그냥 돌려보내는 일도 허다하다. 많은 성범죄 사건이 몇 년씩 종결되지 않는 것도 문제다. 게다가 강간 피해 사실을 입증한다는 명분으로 '처녀성 검사'를 강요받는 치욕을 감수해야 하는 경우도 많다. 인도 출신 여성 작가 소니아 팔레이로Sonia Faleiro는 〈뉴욕타임스〉 기고문에서 "성폭행 피해자에 대해 더럽혀졌다고 보는 인도의 문화가 문제다. 아무도 성범죄 피해자와 결혼하지 않으려 해 결국 가해자와 결혼하는 것이 해법으로 제시되는 현실을 바꿔야 한다"라고 말했다.

델리 사건 이후 인도 정부의 대응은 예외적으로 신속했다. 그러나 이것은 인도 정부의 자발적인 의지에 의한 것이 아니었다. 인도 국민이 과거와는 달리 커다란 분노를 시위로 표출한 것이 정부를 움직인 것이다. 사건이 알려지자마자 수천 명이 신속한 처리를 요구하는 시위를 벌였다. 그러자 경찰은 강간 사건의 용의자 여섯 명을 곧바로 체포했다. 강간 사건 발생 직후 범인이 모두 체포되고 살인 혐의로 사형 선고를 받은 것은 이례적인 경우다. 2012년 델리에서만 600건에 이르는 성범죄가 경찰에 접수됐지만, 유죄 선고가 내려진 것은 단 한 건이었다. 인도 의회는 정규 업무를 제쳐놓고 사건 대책을 논의했고, 야당 대표는 범인들을 교수형해야 한다고 공개적으로 주장했다. 그리고 법과 관행의 개정도 이루어졌다. 성폭력 사건을 신속하게 처리하는 별도의 재판 절차가 만들어졌다. 성폭력의 정의도 더 포괄적으로 수정돼 성기 삽입 이외의 다양한 공격 행위들도 처벌할 수 있게 되었다. 처벌도 강화되었고, 가해자가 피해자의 치료와 재활에 필요한 비용을 보상하도록 하는 법도 만들어졌다. 이로써 형사소송법상 40년 만에 가장 큰 변화가 도입되었다는 평가를 받았다.

정치권이 이렇게 신속하게 대응한 것은 당연하게도 2014년 5월의 선거 때문이었다. 델리 사건에 대한 국내외의 여론이 심상치 않은 것을 눈치 챈 정치인들은 갑자기 반성폭력 활동가라도 된 듯 행세했다. 델리 사건의 피해 여성을 싱가포르까지 보내 치료받게 한 것과 피해자가 이송되는 공항에 수많은 정치인이 등장한 것도 표를 의식한 가식이라는 비판이 많았다. 정치권의 진정성이 의심받은 데는 충분한 이유가 있다. 입으로는 성폭력을 비판하고 처벌 강화를 위한 법제화도 했지만, 정작 정치권 내부에서의 자정 노력은 보이지 않았기 때문이다. 명백한 성폭력 가해자가 정당의 공천을 받아 당선되었는데 이들을 제재하는 어떤 조치도 취해지지 않았다. 2014년 기준 최근 5년간 성폭력을 비롯해 여성을 상대로 한 범죄 행위에 연루된 국가 고위직 선거 후보자 수는 200명이 넘고, 그중 6명이 당선되어 현재도 주 의원으로 활동하고 있다. 그밖에 여성을 상대로 저지른 범죄에 연루된 국회의원 수가 36명인 것으로 공개되었다.

성폭력 문제에 대한 인도 정치인, 고위 관료들의 말도 그들의 여성 비하적 인식 수준을 잘 보여준다. 인도의 최고 수사 기관인 중앙수사국Central Bureau of Investigation의 국장은 "도박을 금지하기 어렵다면 도박을 합법화해 수입을 얻을 수도 있다. 비유하자면 성폭력을 막을 수 없다면 즐기자는 것이다"는 말을 해서 비난을 자초했다. 델리 경찰 책임자의 발언은 보수적 시각을 잘 보여주는 또 다른 흥미로운 예다. 그는 인도에서 발생하는 성폭력 사건의 97%에서 가해자는 피해자의 아는 사람이고 사건이 일어나는 장소는 가해자의 집인 경우가 많다는 통계를 제시했다. 이 통계는 언론에서 주로 보도하는 공공장소에서의 엽기적인 성폭력 사건보다 일상에서 만연한 성폭력이 진짜 문제이며, 치안의 획기적인 강화만으로 성폭력을 줄이는 것은 한계가 있으니 사회적 관행, 의식, 문화, 제도가 모두 바뀌어야 한다는 주장의 근거가 될 수 있을 것이다. 그런데 정작 경찰 책임자는 이 통계를 성폭력 사건에 대한 경찰의 책임을 회피하고 피해자의 부주의한 처신에 책임을 돌리는 데 사용했다. 그는 "여성들이 가해자의 침실이나 집으로 들어가서는 안 된다"는 것을 해결책으로 제시했다.

이렇게 노골적이진 않지만 보수적 해결책을 제시하는 또 다른 입장도 있다. 이들은 여성에 대한 보호와 전통 가치의 부활을 대안으로 제시한다. 즉 여성을 보호받아야 할 약자로 대상화하면서 사회의 보수화를 위한 명분으로 성폭력 문제를 악용하는 것이다. 이런 관점은 성폭력 사건의 증가 원인이 여성의 지위 향상, 사회 활동 증가에 있다고 보아 여성들을 다시 전통적인 여성(그들의 표현으로는 '진짜' 여성)으로 되돌리려는 의도에서 나온 것이다. 그들은 보호라는 명분으로 여성의 자유를 제한하려 한다. 여성의 '문란한' 태도와 옷차림이 성폭력을 유발한다는 오래된 남성 중심적 논리가 되풀이되는 것도 이런 맥락에서다. 주로 정치인, 보수적 사회 활동가 그리고 특히 종교인이 이렇게 주장한다. 어느 성직자는 성폭력을 당한 여성은 성폭력을 행한 남성을 형제로 품어 그들의 손을 잡고 신께 도움과 용서의 기도를 올려야 한다고 말했다.

실제로는 아주 반동적인 시각이지만, 얼핏 보기에는 과학적이고 진보적인 분석 같은 논리도 있다. 인도의 남녀 차별 문화를 비판하면서 그로 인한 남녀의 성비 불균형을 성폭력의 주원인으로 보는 시각이다. 실제로 인도의 고질적인 남녀 차별은 여아 출산을 부담스럽게 만들었다. 태아 성감별과 여아 낙태가 불법이 되었지만, 여전히 광범위하게 저질러지고 있다. 그 결과 인도 거의 모든 지역에서 남녀의 성비 불균형은 심화되고 있다. 여성의 부족으로 결혼하지 못하는 가난한 남성들에게 다른 사회적 소외, 빈곤으로 인한 불만까지 더해져 교육받은 상류층 여성을 성폭행해 복수한다는 논리가 널리 유포되고 있다. 2011년 인도 경찰 발표에 따르면 여성을 상대로 한 납치와 인신매매는 전해에 비해 각각 19.4%와 122%나 증가했다. 이 주장을 하는 이들은 납치와 인신매매의 증가도 같은 맥락에서 이해한다. 그러나 이 논리를 반박하는 사실들이 적지 않다. 여성 차별은 빈부에 상관없이 만연한 풍조이고, 더 부유하고 더 교육받은 계층도 예외는 아니다. 여아 낙태로 인한 남녀 성비 불균형이 가장 심한 지역은 남부 델리를 비롯한 부유한 지역들이다. 그리고 인신매매, 성매매 증가의 배경에는 여성 비하적 문화와 급격한 자본주의화 과정에서 폭발적으로 증가한 조직범죄가 있다. 이 논리는 가해자를 피해자화하거나 가난한 남성을 악마화하는 오류에 빠진다. 한국의 소위 '일베충'에 대한 진보 논자들의 분석에서도 이런 논리를 쉽게 찾아볼 수 있다.

대부분의 성폭력이 행해지는 양상을 보면 원인은 너무나 자명하다. 오랫동안 그리고 현재에도 성폭력은 더 많은 권력과 부를 가진 더 높은 계급의 남성들이 그 우위를 이용해 가난하고 낮은 신분의 여성들에게 공공연하게 저지르던 행위였다. 하층의 남성들이 상층의 여성들을 대상으로 저지르는 범죄는 여전히 예외적이다. 이런 종류의 사건만 선정적으로 보도되는 현실을 비판적으로 볼 필요가 있다. 인도 농촌의 지배 계급인 지주-상층 카스트 동맹은 자신들의 특권과 지위를 이용해 땅 없는 농민과 하층 카스트 여성들에게 성폭력을 저질러 왔지만, 이로 인해 처벌받은 경우는 거의 없었다. 성폭력 피해자 중 달리뜨 여성이 압도적인 수를 차지한다는 사실에 주목해야 한다. 2007년 웃따르 쁘라데시의 성폭력 사건들을 분석한 시민 단체의 보고서에 따르면 "피해자의 90%가 달리뜨였고, 달리뜨 피해자의 85%가 미성년 소녀들이었다"고 한다. 독립 이전부터 현재까지 인도의 거의 모든 지역에서 상황은 크게 달라지지 않았다. 달리뜨 여성은 그들의 낮은 사회적 지위, 빈곤에 의한 차별에 더해서 여성으로서의 차별까지 받아야 했다. 달리뜨 여성이 성폭력의 주된 대상이 된 것은 바로 이 때문이다.

델리 사건 이후 인도 국내외 언론은 엽기적인 성폭력 사건들을 앞다퉈 보도했다. 그중 인도에서 성폭력의 또 다른 사회적 원인을 알 수 있게 해주는 사건들이 있다. 바로 촌락에서 촌장이나 촌락 회의, 촌락 재판을 통해 여성에게 성폭력을 가하는 사례들이다. 2014년 1월 서벵갈의 어느 촌락에서는 한 여성이 촌락 밖의 남성과 문란한 행위를 해 촌락의 명예를 더럽혔다는 이유로 촌장의 명령에 따라 집단 강간당했다는 보도가 있었다. 촌락의 나이든 남성들이 주도하는 촌락 재판은 다른 부족과의 허가 받지 않은 관계에 대한 처벌로 처음에는 벌금을 선고했는데 여성의 가족이 벌금을 내지 못하자 집단 강간이라는 처벌을 내렸다는 것이다. 사건의 진상을 둘러싸고 여러 말이 무성하지만 인도 사회에서 전통적인 촌락이 얼마나 폐쇄적, 폭력적이며 여성 차별적인지를 잘 보여준 사건이다.

2013년 인도 전역을 떠들썩하게 만든 자르칸드Jarkhand 주의 작은 마을 치르가온Chirgaon에서의 사건을 보면 인도 사회가 얼마나 엽기적인지 알 수 있다. 이 마을에 사는 19세 소녀 삐야리 꾸마리Piyari Kumari는 몇 년 동안 같은 마을에 사는 네 명의 남성에게 성폭행을 당했고, 그 결과 아이를 낳았다. 소녀는 마을의 원로

들에게 네 명의 성폭행 가해자들이 자신의 딸을 책임지게 해 줄 것을 요구했다. 촌장은 촌락 회의를 소집해 가해자 네 명이 각각 3천 루피(약 7만 원)의 벌금을 내도록 판결했고, 소녀에게는 이들 남자들과 부도덕한 관계를 지속해왔다는 이유로 마을을 떠날 것을 요구했다. 피해 여성이 명백하게 부당한 이 판결을 받아들이려 하지 않자 촌장은 경매를 열어 가장 높은 가격을 제시하는 사람에게 그녀와 딸을 팔기로 결정했다. 실제로 경매가 열렸고, 소녀와 그 딸은 고작 6루피(약 150원)에 팔렸다. 오랫동안 인도 여성들의 삶은 가족, 카스트나 촌락 같은 공동체의 비공식적 관습과 전통적 가치관의 지배를 받아왔다. 그 속에서 여성에 대한 성폭력은 공동체의 전통적 가치관의 권위에 의존해 자행되었다.

앞의 통계에서 본 것처럼 미성년자들이 성폭력 피해자의 다수를 차지한다는 점도 중요하다. 이것은 성폭력이 나이 많고 사회적으로 더 우위에 있는 남성이 사회적 약자인 미성년자를 대상으로 저질러짐을 의미한다. 즉 사회적 권력의 많고 적음이 가해자와 피해자를 결정짓는 중요한 조건이라는 것이다. 2013년 BBC의 보도에 따르면 인도에서는 해마다 7천200명 이상의 어린이들이 성폭력을 당한다. 어린이 피해자들은 경찰로부터도 모욕을 받기 일쑤다. 어린 소녀들이 인신매매되어 성매매 업소에 팔려가는 것도 큰 문제다. 성매매 업소로 팔린 어린 소녀들은 그곳을 빠져나오지 못한다. 성인이 된 이들이 자신의 고향 등지에서 다시 어린 소녀들을 모집해 팔아넘기는 일을 하는 경우도 많다. 해마다 10만 명에 달하는 어린이들이 실종되는데, 이들 대다수는 성적 학대를 받는다고 추정된다.

성폭력이 단기간에 대규모로 조직적으로 자행된 경우도 주목해야 한다. 잠무 카슈미르의 분쟁과 대규모 종교 공동체주의 폭동이 일어났을 때마다 성폭력이 조직적으로 이루어졌다. 힌두교도들과 이슬람교도들은 성폭력을 '인종 청소'를 위한, 서로를 쫓아내고 말살시키는 전쟁의 수단으로 사용했다. 인권 단체들의 보고에 따르면 인도군은 동북부 부족민 지역에서의 무력 분쟁에서도 군사적 목표를 위해 조직적으로 성폭력을 사용한 증거가 있다고 한다.

인도의 성폭력이 수구적 가치관과 목적에 의해 일어나며, 따라서 인도 사회의 권력 관계, 사회적 구조, 문화와 인식이 근본적으로 바뀌는 것만이 성폭력 문제의 해결책이라는 것은 자명하다. 2012년 델리 사건은 인도 사회를 시험하고 있다. 인도 사회의 오랜 악습들인 여성 차별, 여성 대상 성폭력은 줄어들 수 있을까? 인도 여성들 스스로가 인도 사회가 어느 길로 갈지를 주도적으로 결정할 수 있어야 한다. 그러나 지금으로서는 앞길이 밝지 않다. 인도 수구 정치 세력이 학살과 테러 등 난동을 수시로 일으킨 데에는 그 사회 밑바탕의 인식이 수구적이라 그렇다. 정치는 홀로 서지 않는 법이다.

# 경제 성장의 신화와
# 수구 난동을 넘어

2015년을 전후로 인도와 한국에서 많은 것이 달라졌지만 또 다른 많은 것은 전혀 변하지 않고 그대로다. 정치 측면에서 한국에서는 2014년부터 2015년에 연속해서 지자체 선거와 국회의원 보궐 선거가 있었다. 인도에서도 2014년에 총선이 있었고 그 전후로 보궐 선거와 주 선거가 여러 군데에서 치러졌다. 그 결과 한국에서는 여전히 균형이 약간 기울어진 보수 양당 체제가 유지되었다. 특히 세월호 참사라는 도저히 이해할 수 없는 수백 명의 죽음에 분명히 집권 여당에 책임이 있음에도 권력이 흔들리지 않고 유지되었고, 제1 야당의 무능이 연일 계속되면서 분당의 수준에까지 이르는 야권 분열이 계속되었다. 진보 정당은 진보 세력 4

자 통합을 이루어내긴 했으나 새누리당은 고사하고 더불어민주당을 대체할 만한 세력으로 성장하기에는 아직도 요원하다. 반면 인도에서는 보수 양당 사이의 권력 바꿈이 일어났다. 상대적으로 덜 수구적인 회의당(I)가 30년 만에 참패하고, 그 자리에 수구 세력의 지원을 받은 인도국민당이 앉았다. 나렌드라 모디가 이끄는 인도국민당이 4대 세습을 노리던 간디 가문의 회의당(I)를 꺾고 30년 만에 단독 정부 수립도 가능한 과반수 의석을 차지한 것이다. 그렇지만 보수 양당 사이의 권력 주고받기가 별 변화 없이 이어졌다는 점에서 인도의 정치는 한국과 마찬가지다. 또 과거처럼 노골적이고 격렬하지는 않았지만 종교 공동체주의가 인도 사회에서 여전히 가장 중요한 정치적 결정 요인임을 보여주기도 했다.

모디와 인도국민당은 신자유주의에 더 어울리는 세속주의적 색채를 이전보다 강화했지만, 종교 공동체주의를 정치적으로 동원하는 전략은 바꾸지 않았다. 예를 들어 모디는 힌두 근본주의 세력의 근거지인 바라나시에서 출마했다. 바라나시는 힌두 벨트라 불리는 지역의 중심지다. 힌두 근본주의 바람을 일으키려는 의도에서 한 선택이었다. 결과는 특급 성공이었다. 인도국민당은 바라나시가 속해 있는 웃따르 쁘라데시 주에서 전체 의석 80석 가운데 71석을 차지했다. 역시 힌두 벨트에 해당하는 비하르 주에서 22석, 마디야 쁘라데시 주에서 27석, 라자스탄 주 25석,

델리 7석을 얻었다. 라자스탄과 델리의 경우 배당된 의석을 모두 차지한 것이다. 암소 벨트라고 불리는 구자라뜨 주에서는 26석, 마하라슈뜨라 주에서는 23석을 얻었다. 인도 28개 주와 7개 연방 직할지 가운데 힌두 벨트와 암소 벨트에서만 201석을 얻었는데, 이는 인도국민당이 차지한 283석의 70% 정도다. 노골적이고 폭력적인 행태는 덜해졌지만 종교 공동체주의가 인도국민당의 핵심적인 선거 전략임을 부인할 수는 없다.

인도국민당은 "새로운 인도"를 선거 구호의 맨 앞에 내세웠다. 인도 사회를 어떻게 새롭게 하겠다는 말일까? 새로운 인도의 핵심은 경제 성장이다. 신자유주의로의 전환 이후 한동안 이전 시기에 비해 크게 성장한 인도 경제는 2008년 국제 금융 위기 이후에 저성장과 환율 불안, 고물가, 만성적 고실업, 빈부 격차의 확대 등에 시달리고 있다. 인도 국민들은 경제적 어려움에 대한 정치적 책임을 집권당에게 물었고, 경제 성장과 일자리 만들기를 약속한 모디에게 기회를 주었다. 특히 신자유주의로의 전환 이후 태어난 소위 '개혁 이후 세대'가 인도국민당의 새로운 지지 기반으로 등장했다. 지난 2009년 총선과 비교하면 이번 선거에서 유권자 수는 약 1억 명이나 늘었다. 이들 대부분이 18~23세로 처음 선거에 참여했고 1991년 인도가 신자유주의적 경제 개혁을 단행한 이후에 태어난 이들이다. 이 집단은 세계화, 소비 문화와 서구 문화에의 친밀도, 영어 사용 능력에서 다른 세대보다 두드러진다. 하지만 동시에 늘지 않는 일자리로 고통받는 세대다. 그래서 인도국민당은 2억5천만 개의 새로운 일자리를 만들겠다는 공약으로 이들을 사로잡았다.

인도국민당의 경제 성장, 일자리 만들기 공약이 인도의 가난한 이들의 삶을 개선시킬 것이라 기대하기 어렵다. 이는 모디가 지난 10여 년 동안 이끌어 온 구자라트 주 경제 성장의 이면을 보면 알 수 있다. 인도국민당은 구자라트에서의 거시 경제 지표의 성과만을 이야기하지 사회 정책의 실패는 말하지 않는다. 특히 보건 의료와 교육에서의 문제점이 두드러졌다. 구자라트 주 공공 의료 기관들은 필요한 인력보다 34%나 적은 인원만을 고용했다. 이는 인도의 전국 평균 의사 부족률 10%보다 훨씬 높다. 당연히 영아 사망률과 임산부 사망률도 더 높다. 저개발 국가의 복지 모델인 께랄라 모델로 유명한 께랄라 주에서는 2012~13년 기준 영아 사망률이 12%인데, 같은 시기 구자라트 주에서는 38%나 된다. 즉 구자라트 주에서는 태어나는 아이 세 명 중 한 명이 목숨을 잃는다는 말이다. 교사 충원률도 형편없었다. 인도 전체의 중고교 교사 1인당 학생 수가 32명인데 비해 구자라트 주에서는 54명이나 된다. 지방 정부 예산에서 교육 예산이 차지하는 비율이 턱없이 낮아 일어난 일이다.

모디와 인도국민당은 재정 건전성 강화를 주장하지만, 그가 집권하는 동안 구자라트 주의 부채는 인도 32개 주 가운데 세 번째로 많았다. 또 인도국민당 경제 공약의 핵심이자 경제 성장의 중요 수단으로 제시한 외국인 직접 투자FDI도 문제다. 모디의 구자라뜨 주지사 집권 시기 동안 인도 전체에서 3천 억 달러의 외국인 직접 투자가 유치됐지만, 구자라뜨 주가 유치한 액수는 그중 80억 달러뿐이었다. 인도국민당은 선거 공약으로 모든 경제 부문에서 외국인 직접 투자를 허용하겠다고 밝혔지만, 이전 정권에서도 이미 투자 문호는 거의 완전히 개방되어 있었기에 의미 있는 차이는 없을 것이다. 이 문제와 관련해 한 가지 흥미로운 것은 군수 산업 부문에 대한 외국인 직접 투자 한도를 26%에서 49%로 대폭 상향하겠다고 밝힌 점이다. 이는 인도의 군사 대국화라는 외교 군사 정책과 연결된 공약이다.

모디는 취임 이전부터 대외적으로 유화 제스처를 취했다. 특히 오랫동안 영토 분쟁을 겪어 온 파키스탄 및 중국과의 관계 개선을 추진하고 나섰다는 점이 주목을 받았다. 그 첫걸음으로 모디는 파키스탄 수상을 취임식에 초청했다. 이는 1947년 인도와 파키스탄이 분리되어 독립한 이후 최초다. 이를 두고 그 동안의 인도와 파키스탄 대결 구도가 완화되리라는 기대가 많다. 하지만 대등한 관계 증진은 아닐 것이다. 경제적으로 곤란한 상황인 파키스탄이 인도와의 경제 교류 확대를 통해 활로를 찾고자 먼저 관계 개선을 제안했고, 모디가 이미지 제고를 위해 화답한 것이라는 분석이 일리 있다. 모디는 인도에게 유리한 제한적인 범위

내에서 파키스탄과의 화해를 모색하려 할 것이다.

모디 취임 후에는 중국의 외교부장이 인도를 방문해 모디와 회담했고, 시진핑 중국 국가 주석도 2014년 9월에 인도를 공식 방문했다. 하지만 인도와 중국의 미래 역시 낙관적이지만은 않다. 인도와의 관계 개선에 더 적극적인 것은 중국이다. 미국의 포위망을 뚫기 위해서다. 그러나 인도는 외교·군사적으로나 경제적으로나 중국에 비해 절박함이 덜하다. 인-중 관계의 개선을 미국이 어느 정도까지 용인할지가 변수다. 남아시아에서 인도의 외교적 군사적 힘은 미국과의 지정학적 역할 분담에 기반을 둔 바가 크고, 이는 중국 봉쇄라는 큰 목적을 위한 것이었다. 또 제조업 기반이 취약해 가전제품 부문 등에서 대중국 무역 역조가 심각한 상황이라 인도가 중국과의 경제 교류를 무작정 확대하는 것도 쉬운 일이 아니다.

오히려 '강한 인도'가 '새로운 인도'의 또 다른 의미가 되리라는 전망도 많다. 인도국민당은 처음 정권을 잡았던 시기에 핵실험을 단행해 인도를 일약 핵 보유국으로 만들었다. 물론 미국의 묵인이 있었기 때문에 가능한 일이었다. 회의당(I)이 집권했던 지난 십 년간도 인도의 군사 대국화는 뚜렷한 추세였다. 미국이 이를 용인하고 부추겨 왔다는 것도 잘 알려진 사실이다. 새로운 인도 정부의 보수성은 인도 국내의 힌두 우파적 성향을 강화하기보다 강경하고 공격적인 대외 정책으로 나타날 가능성도 높아졌다. 특히 동남아시아 지역이 중요하다. 인도의 대對동남아시아 정책은 동방 정책Look East Policy에 잘 드러난다. 2000년대 초반부터 중국이 동남아시아 지역에 대해 적극적인 남진 정책을 펼치자 인도도 이에 대응하기 위해 동남아시아 국가들과 관계를 증진하려 내놓은 것이 동방 정책이다. 한 가지 예를 들자면 2009년에 인도네시아 정부는 말라카 해협의 안보를 위해 인도 해군의 지원을 요청한 일이 있었다. 최근 불거지고 있는 중국과 동남아시아 나라들 간의 영토 영해 분쟁에 인도가 2009년처럼 적극적으로 개입한다면 인도와 중국 사이의 긴장 관계가 다시 높아질 가능성도 적지 않다.

다시 선거로 돌아가 2014년에 있었던 한국의 지자체 선거 결과와 인도의 총선 결과를 한번 살펴보자. 둘 사이에는 또 하나의 공통점이 있는데, 진보 정당들의 참패로 보수 양당 체제에 대한 정치적 대안이 등장하지 못했다는 점이다. 인도 총선에서는 회의당(I)와 인도국민당을 대체할 것이라 기대를 모았던 정치 세력들이 오히려 존재감을 잃어버렸다. 2004년 총선 당시에만 해도 제3세력의 등장이라는 기대를 받던 인도공산당(M) 중심의 좌파 정당들은 그 이후로 줄곧 하향세다. 인도공산당의 의석수는 지난 총선의 16석에서 7석이 줄어든 9석이 되었다. 그런데 지난 총선의 16석도 2004년 총선 당시의 44석에 비하면 참패한 결과였다. 께랄라 주에서 인도공산당은 1957년 처음으로 집권한 이후 연립 정부를 통해 집권과 실권을 반복하고 있고, 서벵갈에서는 1977년 처음으로 공산당이 주 정부를 수립한 이후 34년간 연속 통치했으나 2011년 주 선거에서 참패했다. 2011년 선거 결과를 보면 인도공산당이 차지한 의석수는 20%, 전국 득표율은 3.2%로 10년 만에 크게 줄어든 수치다. 이는 1964년 인도공산당에서 분당해 인도공산당(M)을 창당한 이래 가장 낮은 수치다.

또 인도 사회에 만연한 부패 문제를 직접 거론하며 바람을 일으켰던 보통사람당은 크게 몰락했다. 그들의 성공이 일시적인 해프닝에 그칠 것이라는 염려가 합당할 정도로 참담하다. 보통사람당의 대표 께즈리왈은 모디를 꺾어보겠다며 호기롭게 모디와 같은 지역인 바라나시에서 출마했다. 그는 부정부패를 쓸어버리겠다는 의지를 뜻하는 빗자루를 상징물로 내걸고 모디에 맞섰다. 그러나 결과는 참패였다. 게다가 그가 언론과 대중의 관심을 끌어모은 덕분에 모디를 모르던 사람들까지도 모디를 알게 되어 인도국민당 좋은 일만 해주었다는 비아냥마저 들었다. 달리뜨의 정치 세력화를 표방하고 한때 웃따르 쁘라데시 주의 집권당이기도 했던 대중사회당도 이전 총선에서 21석을 얻었는데, 이번에는 단 한 석도 얻지 못했다. 이렇게 인도의 진보적 대안 정당들은 당분간 재기가 힘들 정도로 약화되었다. 다만 2015년 주 의회 선거에서 수도 델리의 70석 가운데 67석을 차지해 인도국민당을 견제할 수 있는 정당으로 재기하는 데 성공했다는 점은 주목할 만하다.

인도국민당의 승리는 경제 성장에 대한 대중의 욕구를 자극해 집권에 성공한 한국의 이명박을 연상시킨다. 더불어 이명박 정부 이후 극우 세력의 준동이 눈에 띄게 늘어나고 절차적 민주주의마저 크게 후퇴하면서 박근혜의 수구 정부로 이어진 것은 인도에서 수구 세력의 난동이 파시스트 극우 세력의 집권으로 이어진 것을 연상하게 한다. 수구 세력이 난동을 부리면서 경제 발전이라는 거짓 구호로 정권을 잡고, 이후 신자유주의의 확대로 인민들의 삶은 파탄에 이르게 되는 것이다. 경제 성장의 한계와 저성장의 고착화, 금융과 외환 위기의 반복, 높은 실업률과 빈부 격차의 확대 등으로 국민들의 경제적 고통이 지속되는 인도에서 경제 성장이라는 구호는 어떤 명분이나 정치적 도덕적 대의, 사회 정책 공약보다도 강력한 영향력을 행사한다. 한국 아니 어떤 자본주의 국가에서도 마찬가지다. 진보 정치 세력이 집권하려면 이 문제를 어떻게 해결해야 할까? 국민에게 경제 성장이라는 실질적인 과실을 안겨주는 것도 필요할 것이다. 하지만 분배의 평등, 고용의 확대, 생산 과정을 비롯한 경제적 · 정치적 과정에 대한 대중의 참여, 생태적 지속 가능성이 없는 경제 성장이 무엇을 의미할까? 이 문제를 대중과 함께 고민하고 답을 찾으려는 노력이 인도에서나 한국에서나 진보적인 정치적 대안이라는 희망을 현실로 만들어 줄 것임은 분명하다. 그 희망을 현실로 만들기 위해 우선 해야 할 일은 수구 집단이 어떻게 세력화하는지, 어떻게 난동을 부리는지, 그 안에 담긴 책략과 방법론은 어떠했는지를 분석하고 이해하는 일이다. 우리가 인도 수구 세력의 난동의 역사에 주목하는 것은 결국 한국에서 수구 세력의 준동을 막고, 사회 진보를 이루기 위함이다.